DEN KOMPLETTA GUIDE FÖR ATT FÖRBEREDA HÄLSOSA MÅLTIDER

100 ENKLA OCH GODA RECEPT FÖR VARJE DAG

Simon Sjöberg

Alla rättigheter förbehållna.

varning

Informationen i den här e-boken är avsedd att fungera som en omfattande samling av strategier som författaren till den här e-boken har forskat om. Sammanfattningar, strategier, tips och tricks är endast rekommendationer från författaren, och att läsa den här e-boken garanterar inte att ens resultat exakt speglar författarens resultat. Författaren till e-boken har gjort alla rimliga ansträngningar för att tillhandahålla aktuell och korrekt information till e-bokens läsare. Författaren och hans medarbetare kommer inte att hållas ansvariga för eventuella oavsiktliga fel eller utelämnanden som kan hittas. Materialet i e-boken kan innehålla information från tredje part. Tredjepartsmaterial inkluderar åsikter som uttrycks av deras ägare. Som sådan tar e-bokens författare inget ansvar eller ansvar för material eller åsikter från tredje part. Oavsett om det är på grund av internets utveckling eller oförutsedda förändringar i företagets policy och riktlinjer för redaktionell inlämning, kan det som anges som fakta när detta skrivs bli föråldrat eller otillämpligt senare.

E-boken är copyright © 2023 med alla rättigheter förbehållna. Det är olagligt att omdistribuera, kopiera eller skapa härledda verk från denna e-bok helt eller delvis. Inga delar av denna rapport får reproduceras eller återsändas i någon form utan skriftligt uttryckligt och undertecknat tillstånd från författaren.

INNEHÅLLSFÖRTECKNING

INNEHÅLLSFÖRTECKNING 3
INTRODUKTION 7
FRUKOST 8
    1. FRYS FRUKOST BURRITOS 9
    2. HAVRE ÖVER NATTEN 12
    3. VEGETARISK FRUKOSTBAKA 14
    4. FRYS FRUKOST SMÖRGÅSAR 17
    5. BANANNÖT MINI-MUFFINS 19
    6. TURKIET KÖTTFÄRSMUFFINS 22
    7. BÖNSALSALSALLAD 25
    8. VEGGIE-PACKAD FRITTATA 27
    9. HELAMERIKANSK FRUKOST 29
    10. FRUKOST FYLLD SÖTPOTATIS 32
    11. BLÅBÄR HAVREGRYN YOGHURT PANNKAKOR 35
    12. BUDDHA FRUKOSTSKÅLAR 38
    13. MASON BURK CHIA PUDDINGAR 41
    14. RAINBOW LIME CHIA PUDDING 43
    15. TROPISK COCONUT CHIA PUDDING 45
    16. BLÅBÄR CITRON CHEESECAKE HAVRE 47
    17. FRUKOST CROISSANT SMÖRGÅSAR 49
    18. VITLÖKSSVAMP HAVREGRYN 51
    19. PB-HAVREGRYNSFRUKOSTSKÅL 54
    20. PROTEIN POWER VÅFFLOR 56
    21. MINI-BAGELBAR MED RÖKT LAX 58
SMOOTHIES 60
    22. BÄRBETSSMOOTHIE 61
    23. BANAN-JORDNÖTSSMÖR "MILKSHAKE" 63

24. Antioxidant acaibärsmoothie..65
25. Bärmelonsmoothie..67
26. Black Forest smoothie...69
27. Blueberry Pie Smoothie..71
28. Morot ingefära smoothie..73
29. Krämig grön gudinna smoothie...75
30. Trädgårds kiwi smoothie..77
31. Grön detox smoothie...79
32. Grön proteinsmoothie...81
33. Morotsgurkmeja smoothie..83
34. Peach melba smoothie..85
35. Rainbow kokos smoothie..87
36. Tropisk grön smoothie..90
37. Tropisk Quinoa Smoothie..92

SNACKLÅDA...94

38. Antipasto snackbox för två...95
39. Snacklåda med buffelkyckling...97
40. Kyckling och hummus bistrolåda..99
41. Choklad-jordgubbsenergibitar..101
42. Deli snacklåda..104
43. Pizza snackables..106
44. Grekisk kikärtskraftsallad...108
45. Snacklåda med grönkålschips..111
48. Minipumpaproteinmunkar..114
49. Regnbågshummus vegohjul...117
50. Salsa snack box..120
51. Hemlagad hummus...123
52. Trail Mix...125
53. Oljefri pesto..127
54. Äggmuffins...129
55. Tofubitar..131
56. Kycklingsallad..133
57. Tex-Mex Quinoa...135

58. FÖRBEREDA TONFISKSALLAD...138

VARM LUNCH...141

59. KYCKLING BURRITO SKÅLAR..142
60. KYCKLING TIKKA MASALA...145
61. GREKISKA KYCKLINGSKÅLAR..148
62. FÖRBEREDDA NÖTKÖTTSSKÅLAR FÖR KOREANSK MÅLTID.................................152
63. MASON BURK KYCKLING OCH RAMEN SOPPA..156
64. MASON BURK BOLOGNESE..159
65. MASON BURK LASAGNE...162
66. MISO INGEFÄRA DETOX SOPPA..166
67. FYLLD SÖTPOTATIS..169
68. KOREANSK KYCKLING FYLLD POTATIS...171
69. GRÖNKÅL OCH RÖD PAPRIKA FYLLD POTATIS..174
70. SENAP KYCKLING FYLLD POTATIS...177
71. SVARTA BÖNOR OCH PICO DE GALLO FYLLDA POTATISAR................................180
72. ZUCCHININUDLAR MED KALKONKÖTTBULLAR...183
73. ENKLA KÖTTBULLAR..186
74. 3-INGREDIENS SOPPA..188
75. SLOW COOKER SALSA TURKIET..190
76. BURRITO-BOWL-IN-A-JAR..192

KALL LUNCH..194

77. CARNITAS MÅLTIDSSKÅLAR..195
78. CHICAGO KORVSALLAD..198
79. FISKTACOSKÅLAR..201
80. SKÖRDA COBB SALLAD..205
81. BUFFALO BLOMKÅL COBB SALLAD..209
82. MASON BURK BETOR OCH BRYSSELKÅL KORN SKÅLAR.....................................212
83. MASON BURK BROCCOLISALLAD...215
84. MASON BURK KYCKLINGSALLAD...217
85. MASON BURK KINESISK KYCKLINGSALLAD...220
86. MASON BURK NIÇOISE SALLAD...223
87. KRYDDIGA TONFISKSKÅLAR...226

88. STEAK COBB SALLAD..........229
89. SÖTPOTATIS NÄRANDE SKÅLAR..........232
90. THAI KYCKLING BUDDHA SKÅLAR..........235
91. THAILÄNDSKA JORDNÖTSKYCKLINGWRAPS..........239
92. KALKON SPENAT HJUL..........242
93. TURKIET TACO SALLAD..........244
94. MYCKET GRÖN MASON JAR SALLAD..........246
95. ZUCCHINI VÅRRULLSKÅLAR..........249

FRYSMÅLTIDER..........**252**

96. BUTTERNUT SQUASHFRITTER..........253
97. MOROT INGEFÄRA SOPPA..........256
98. OSTIG KYCKLING OCH BROCCOLI RIS GRYTA..........259
99. KYCKLING OCH QUINOA TORTILLASOPPA..........262
100. KALKON TAMALE PAJER MED MAJSBRÖD SKORPA..........266

SLUTSATS..........**270**

INTRODUKTION

Måltidsförberedelser är det hemliga vapnet för alla kändisar som strövar runt i LA – det är vad många av de främsta privata kockarna gör för att hålla sina kunder på rätt spår och nöjda.

Måltidsförberedelser gör det enkelt att när som helst ha en perfekt portionerad, kalorisnål fullmatsmåltid till hands. Genom att förbereda måltider på helgerna och dela upp måltiderna i lagom kalorikontrollerade portioner är det lika enkelt att ta din förberedda koreanska bibimbap-skål på en hektisk vardagskväll som det är att ta en köpt, natriumladdad version eller en take-out, kaloririk version.

FRUKOST

1. Frys Frukost Burritos

Ger 12 burritos

Ingredienser

- ½ kopp (80 g) hackad lök
- 1 kopp (70 g) tärnad svamp
- 2 koppar (80 g) hackad spenat
- 2 dl ägg (480 g) tacokrydda (paket eller hemlagad)
- 1 kopp (100 g) tärnade tomater
- 12-16 oz. (340-450g) kokt mald kalkon/korv
- 12 tortillas (lågkolhydrat, grodda spannmål och fullkornsvete är alla fantastiska lätta alternativ)
- ost med låg fetthalt, valfritt

Vägbeskrivning

a) Fräs lök i lite matlagningsspray tills den är genomskinlig och mjuk, bara några minuter. Tillsätt svamp och spenat. Låt spenaten vissna.

b) Vispa ihop ägg och äggvita. Häll i uppvärmd stekpanna och rör ihop äggen tills de är kokta.

c) Tillsätt kött, tacokrydda och tomater, rör om väl för att kombinera och belägga.

d) Fyll tortillorna med blandningen och toppa med en nypa ost med låg fetthalt om så önskas.

e) Vik tortillas till burritos, stoppa in sidorna så att fyllningen är helt omsluten, och slå in i plastfolie för att behålla formen. Frysa!

f) När du är redo att njuta, värm i mikrovågsugnen i cirka 1-2 minuter, vänd halvvägs.

2. Havre över natten

Ger 1 fjäder

Ingredienser

- ½ kopp (40 g) havre (vilket som helst duger!)
- ½ kopp (120 ml) mandelmjölk (eller valfri mjölk)
- 1 skopa chokladproteinpulver (valfritt)
- ¼ kopp (75 g) mosad banan
- 2 matskedar grekisk yoghurt
- 1 msk jordnötssmör
- stevia, honung eller valfritt sötningsmedel, efter smak

Vägbeskrivning

a) Kombinera alla ingredienser i en burk, justera sötma och konsistens efter smak.

b) Ställ burken i kylen över natten, eller i minst 4 timmar.

c) Ta ut ur kylen och sluka kallt!

d) Gör upp till 5 dagar i förväg och förvara i kylen.

3. Vegetarisk frukostbaka

Ger 12 portioner

Ingredienser

- 1 kopp (160 g) lök, hackad
- 1 msk finhackad vitlök
- 4 oz. (115g) skivad svamp
- 1 paket fryst spenat, eller 1 påse färsk (254g)
- 1 10 oz. (280g) påse fryst broccoli, tinad
- 4 skivor (112 g) bröd med fullkornsvete eller grodda korn, skurna i tärningar (cirka $\frac{1}{2}$")
- 4 ägg
- 3 koppar (720 g) äggvita/ersättning
- 2 koppar (480 ml) mandelmjölk
- $\frac{1}{2}$ kopp (60 g) schweizisk ost
- $\frac{1}{2}$ tesked muskotnöt
- $\frac{3}{4}$ teskedar salt (efter smak)
- $\frac{1}{2}$ tsk peppar (efter smak)
- $\frac{1}{2}$ kopp (60 g) cheddarost med låg fetthalt

Vägbeskrivning

a) Fräs lök, vitlök, svamp och spenat i en stekpanna med matlagningsspray (du kan använda olja men näringsvärdena kommer att skilja sig). Kombinera med tinad broccoli. Avsätta.

b) Fördela brödtärningar över botten av ugnsformen.

c) Vispa ihop ägg, äggvita/ersättning, mandelmjölk, schweizerost, muskot, salt och peppar.

d) Varva grönsaker över bröd, bibehåll 2 lager efter bästa förmåga.

e) Häll äggblandningen över hela ugnsformen och täck båda lagren av bröd/grönsaker helt.

f) Täck över och kyl över natten (ca 8 timmar).

g) På morgonen, förvärm ugnen till 350F (180C). Toppa bakningen med cheddarost. Grädda i 50-60 minuter, tills osten börjar få färg och äggen är genomstekta.

h) Sluk varmt, spara för att värma upp eller njut av kallt senare!

i) Håller 5 dagar i kylen, eller 3-4 månader i frysen.

4. Frys frukost smörgåsar

Ger 6 smörgåsar

Ingredienser

- 1 ½ dl ägg (360 g) eller äggvita/ersättning, smaksatt med salt och peppar
- 6 engelska muffins (helvete eller grodda korn)
- 12 skivor deli kyckling eller skinka
- 6 skivor tunt skivad cheddarost

Vägbeskrivning

a) Värm ugnen till 375F (190C).

b) Spraya ner 6 små ramekins med matlagningsspray och häll ¼ kopp (60 g) äggblandning i varje. Grädda i 15-20 minuter, tills den är helt stel. Ställ åt sidan och låt svalna.

c) När du har svalnat, montera smörgåsar. Lägg ägg på botten av engelsk muffins, följt av 2 skivor delikatesskött, 1 skiva tunn cheddarost och toppen av muffinsen.

d) Slå in i plastfolie och överför till en större plastförvaringspåse eller plastförvaringsbehållare.

5. Banannöt mini-muffins

Ger 24 minimuffins

Ingredienser

- 2 bananer, mosade
- 1 ägg
- ¾ kopp (60 g) havremjöl
- 2 msk jordnötssmör
- 1 tsk vanilj
- ¾ teskedar bakpulver
- ½ tsk kanel
- 1-2 matskedar stevia eller granulerat sötningsmedel efter smak
- ¼ kopp (30 g) krossade valnötter, plus ytterligare för toppning om så önskas

Vägbeskrivning

a) Värm ugnen till 375F (190C).

b) Blanda alla ingredienser, blanda väl. Anpassa sötma efter smak - bananerna är ett fantastiskt naturligt sötningsmedel så du kanske inte behöver mycket!

c) Överför till en minimuffinsform som har sprayats med matlagningsspray, fyll cirka ¾ av vägen full.

d) Grädda i 10-12 minuter, tills en tandpetare kommer ut ren och de är ljust gyllenbruna.

e) Låt svalna något innan du tar ur pannan och slukar!

f) Håller 1 vecka i kylen, eller 2-3 månader i frysen.

6. Turkiet köttfärsmuffins

Ger 24 miniköttfärslimpa muffins

Ingredienser

- 20 oz. (600g) extra magert kalkonbröst
- ½ kopp (120 g) äggvita
- ½ kopp (40 g) havre
- 1 tsk gul senap
- 1 tsk dijonsenap
- 1 kopp (40g) hackad spenat
- ½ kopp (80 g) lök
- ¼ kopp (45 g) röd paprika
- ¼ kopp (25 g) selleri
- 1 tsk finhackad vitlök
- ½ tsk vitlökspulver salt och peppar efter smak

Vägbeskrivning

a) Värm ugnen till 350F (180C).

b) Blanda alla ingredienser i en skål.

c) Fördela köttblandningen i minimuffinsform sprayad med matlagningsspray - en 1-msk cookie scooper fungerar bra att fördela.

d) Grädda i ca 15-20 minuter.

e) Håller 5 dagar i kylen, eller 3-4 månader i frysen.

7. Bönsalsalsallad

Ger ca 8 koppar

Ingredienser

- 1 15 oz. burk (425g) svarta bönor, avrunna/sköljda
- 1 15 oz. burk (425g) garbanzobönor eller vita bönor, avrunna/sköljda
- 1 15 oz. burk (425g) gul majs, avrunnen/sköljd
- 1 10 oz. burk (280g) tärnade tomater och chili
- 1 msk finhackad vitlök
- $\frac{1}{2}$ kopp (115 g) hackad salladslök
- 2 matskedar koriander
- $\frac{1}{2}$ kopp (240 ml) mojo-marinad

Vägbeskrivning

a) Blanda ihop alla ingredienser i en skål.

b) Låt svalna i kylen några timmar.

c) Håller upp till en vecka i kylen.

8. Veggie-Packad Frittata

Ger 1 portion

Ingredienser

- 1-2 koppar (180-360 g) tärnade grönsaker
- ½ kopp (20 g) spenat, hackad
- ¾ kopp (180 g) äggvita kryddad med salt och peppar
- Salsa till topping

Vägbeskrivning

a) Värm ugnen för att steka.

b) Värm en stor stekpanna över medelhög värme. Spraya med nonstick matlagningsspray.

c) Tillsätt grönsaker och spenat. Fräs i stekpanna i 3-5 minuter tills grönsakerna är mjuka och spenaten vissnat.

d) Häll äggblandningen i stekpannan. Låt botten stelna (3-4 minuter). Använd din spatel för att gå runt omkretsen av frittatan och lyft upp det stelnade ägget.

e) ställ stekpannan i broilern i 3 minuter.

f) Ta försiktigt bort och plåt. Skär och servera med salsa!

9. Helamerikansk frukost

Ingredienser

- 12 uns rödbrun potatis, tärnad
- 3 msk olivolja, delad
- 2 vitlöksklyftor, hackade
- $\frac{1}{2}$ tsk torkad timjan
- Kosher salt och nymalen svartpeppar, efter smak
- 8 stora ägg, lätt vispade
- $\frac{1}{4}$ kopp strimlad mexikansk ostblandning med reducerad fetthalt
- 4 skivor bacon
- 12 uns broccolibuketter (2 till 3 koppar)

Vägbeskrivning

a) Värm ugnen till 400 grader F. Olja lätt en bakplåt eller täck med nonstick-spray.

b) På den förberedda bakplåten, släng potatisen med 1 matsked av olivoljan, vitlöken och timjan; krydda med salt och peppar. Ordna i ett enda lager. Grädda i 25 till 30 minuter, tills de är gyllenbruna och skarpa; avsätta.

c) Värm de återstående 2 matskedar olivolja i en stor stekpanna på medelhög värme. Tillsätt äggen och vispa tills de precis börjar stelna. Smaka av med salt och peppar och fortsätt koka tills det tjocknat och inga synliga flytande ägg finns kvar, 3 till 5 minuter. Toppa med osten, lägg över i en skål och ställ åt sidan.

d) Tillsätt baconet i stekpannan och stek tills det är brunt och knaprigt, 6 till 8 minuter. Överför till en tallrik med hushållspapper.

e) Placera under tiden broccolibuktionerna i en ångkokare eller ett durkslag över ungefär en tum kokande vatten i en kastrull. Täck över och ånga i 5 minuter, eller tills den är knaprig och klar grön.

f) Dela potatis, ägg, bacon och broccoli i måltidsförberedande behållare. Håller sig övertäckt i kylen i 3 till 4 dagar. Värm i mikrovågsugnen i 30 sekunders intervall tills den är genomvärmd.

10. Frukost fylld sötpotatis

Ingredienser

- 2 medelstora sötpotatisar
- 1 msk olivolja
- 2 msk tärnad röd paprika
- 1 vitlöksklyfta, finhackad
- ½ tsk krossade rödpepparflingor
- 4 dl babyspenat
- 4 stora ägg, lätt vispade
- 1 tsk italiensk krydda
- Kosher salt och nymalen svartpeppar, efter smak
- ½ kopp strimlad cheddarost med reducerad fetthalt
- 1 msk hackad färsk gräslök (valfritt)

Vägbeskrivning

a) Värm ugnen till 400 grader F. Placera potatisen på en plåt och grädda i 45 minuter till 1 timme, tills de är mjuka och lätt att genomborra med en gaffel. Låt sitta tills den är tillräckligt kall för att hantera. Stäng inte av ugnen.

b) Skär varje potatis på mitten horisontellt och ös sedan försiktigt ut mitten av varje halva, lämna ungefär $\frac{1}{2}$ tum potatis på skalet. Spara köttet för annan användning.

c) Hetta upp olivoljan i en stor stekpanna på medelhög värme. Tillsätt paprikan och koka, rör om ofta, tills den är mjuk, 3 till 4 minuter. Rör ner vitlök- och rödpepparflingorna, och sedan spenaten och rör tills vissnat, 2 till 3 minuter. Tillsätt äggen och italiensk krydda; koka, rör om ibland med en spatel, tills precis stelnat, 2 till 3 minuter; smaka av med salt och peppar.

d) Tillsätt äggblandningen i potatisskalet och strö över osten. Lägg tillbaka på plåten och grädda i 400 graders ugn i 5 minuter, eller tills osten har smält.

e) Portionera i måltidsförberedande behållare. Håller sig övertäckt i kylen i 3 till 4 dagar. Värm i mikrovågsugnen i 30 sekunders intervall tills den är genomvärmd. Garnera med gräslök, om så önskas, och servera.

11.   Blåbär havregryn yoghurt pannkakor

Ingredienser

- ½ plus ⅓ kopp vitt fullkornsmjöl
- ½ kopp gammaldags havregryn
- 1 ½ tsk socker
- ½ tsk bakpulver
- ½ tesked bakpulver
- ¼ tesked kosher salt
- ¾ kopp grekisk yoghurt
- ½ kopp 2% mjölk
- 1 tsk olivolja
- 1 stort ägg
- ½ kopp blåbär
- 12 jordgubbar, tunt skivade
- 2 kiwi, skalade och tunt skivade
- ¼ kopp lönnsirap

Vägbeskrivning

a) Förvärm en nonstick-grill till 350 grader F eller värm en nonstick-panna över medelhög värme. Belägg grillen eller stekpannan lätt med nonstick-spray.

b) I en stor skål, kombinera mjöl, havre, socker, bakpulver, bakpulver och salt. Vispa ihop yoghurt, mjölk, olivolja och ägg i ett stort glasmått eller en annan skål. Häll den våta blandningen över de torra ingredienserna och rör om med en gummispatel tills den är fuktig. Tillsätt blåbären och blanda försiktigt för att kombinera.

c) Arbeta i omgångar, ös upp ⅓ kopp smet för varje pannkaka på grillen och koka tills bubblor dyker upp på toppen och undersidan är fint brynt, cirka 2 minuter. Vänd och stek pannkakorna på andra sidan, 1 till 2 minuter längre.

d) Dela pannkakor, jordgubbar, kiwi och lönnsirap i måltidsförberedande behållare. Håller sig övertäckt i kylen i 3 till 4 dagar. För att värma upp, placera i mikrovågsugnen i 30-sekunders intervall tills den är genomvärmd.

12. Buddha frukostskålar

Ingredienser

- 2 dl grönsaksbuljong med låg natriumhalt
- 1 kopp brunt ris
- ¼ kopp nyriven parmesan
- 1 tsk torkad timjan
- Kosher salt och nymalen svartpeppar, efter smak
- 1 kopp brysselkål
- 1 kopp körsbärstomater
- 8 uns cremini svampar
- 2 matskedar olivolja
- 3 vitlöksklyftor, hackade
- 1 tsk italiensk krydda
- 4 stora ägg
- 2 msk hackad färsk gräslök (valfritt)

Vägbeskrivning

a) Koka riset enligt anvisningarna på förpackningen i en stor kastrull med grönsaksfond. Rör ner parmesan och timjan och smaka av med salt och peppar.

b) Värm ugnen till 400 grader F. Olja lätt en bakplåt eller täck med nonstick-spray.

c) På den förberedda bakplåten, kombinera brysselkålen, tomaterna och svampen med olivolja, vitlök och italiensk krydda; krydda med salt och peppar. Kasta försiktigt för att kombinera och arrangera i ett enda lager. Grädda i 13 till 14 minuter, tills groddarna är mjuka.

d) Placera under tiden äggen i en liten kastrull och täck med kallt vatten med 1 tum. Koka upp och koka i 1 minut. Täck pannan med ett tättslutande lock och ta bort från värmen; låt sitta i 5 till 6 minuter. Skölj äggen under kallt vatten i 30 sekunder för att stoppa tillagningen. Skala och skär på mitten.

e) Dela riset i måltidsförberedande behållare. Toppa med brysselkål, tomater, svamp och ägg och garnera med gräslök, om så önskas. Håller sig täckt i kylen i 2 till 3 dagar. Värm i mikrovågsugnen i 30 sekunders intervall tills den är genomvärmd.

13. Mason burk chia puddingar

Ingredienser

- 1 ¼ koppar 2% mjölk
- 1 kopp 2% vanlig grekisk yoghurt
- ½ dl chiafrön
- 2 matskedar honung
- 2 matskedar socker
- 1 msk apelsinskal
- 2 tsk vaniljextrakt
- ¾ kopp segmenterade apelsiner
- ¾ kopp segmenterade mandariner
- ½ kopp segmenterad grapefrukt

Vägbeskrivning

a) I en stor skål, vispa ihop mjölk, grekisk yoghurt, chiafrön, honung, socker, apelsinskal, vanilj och salt tills det är väl blandat.

b) Fördela blandningen jämnt i fyra (16-ounce) masonburkar. Kyl över natten, eller upp till 5 dagar.

c) Servera kall, toppad med apelsiner, mandariner och grapefrukt.

14.   Rainbow Lime Chia Pudding

Ingredienser

- 1 ¼ koppar 2% mjölk
- 1 kopp 2% vanlig grekisk yoghurt
- ½ dl chiafrön
- 2 matskedar honung
- 2 matskedar socker
- 2 tsk limeskal
- 2 msk färskpressad limejuice
- 1 tsk vaniljextrakt
- 1 dl hackade jordgubbar och blåbär
- ½ kopp tärnad mango och ½ kopp tärnad kiwi

Vägbeskrivning

a) I en stor skål, vispa ihop mjölk, yoghurt, chiafrön, honung, socker, limeskal, limejuice, vanilj och salt tills det är väl blandat.

b) Fördela blandningen jämnt i fyra (16-ounce) masonburkar. Täck över och kyl över natten, eller upp till 5 dagar.

c) Servera kall, toppad med jordgubbar, mango, kiwi och blåbär.

15. Tropisk Coconut Chia Pudding

Ingredienser

- 1 (13,5-ounce) burk kokosmjölk
- 1 kopp 2% vanlig grekisk yoghurt
- ½ dl chiafrön
- 2 matskedar honung
- 2 matskedar socker
- 1 tsk vaniljextrakt
- Nypa koshersalt
- 1 kopp tärnad mango
- 1 kopp tärnad ananas
- 2 msk riven kokos

Vägbeskrivning

a) I en stor skål, vispa ihop kokosmjölk, yoghurt, chiafrön, honung, socker, vanilj och salt tills det är väl blandat.

b) Fördela blandningen jämnt i fyra (16-ounce) masonburkar. Täck över och kyl över natten, eller upp till 5 dagar.

c) Servera kall, toppad med mango och ananas och strö över kokos.

16. Blåbär citron cheesecake havre

Ingredienser

- ¼ kopp fettfri grekisk yoghurt
- 2 msk blåbärsyoghurt
- ¼ kopp blåbär
- 1 tsk rivet citronskal
- 1 tesked honung

Vägbeskrivning

a) Kombinera havre och mjölk i en 16-ounce mason burk; toppa med önskat pålägg.

b) Kyl över natten eller upp till 3 dagar; servera kall.

17. Frukost croissant smörgåsar

Ingredienser

- 1 msk olivolja
- 4 stora ägg, lätt vispade
- Kosher salt och nymalen svartpeppar, efter smak
- 8 mini croissanter, halverade horisontellt
- 4 uns tunt skivad skinka
- 4 skivor cheddarost, halverade

Vägbeskrivning

a) Hetta upp olivoljan i en stor stekpanna på medelhög värme. Tillsätt äggen och koka, rör försiktigt med en silikon eller värmebeständig spatel, tills de precis börjar stelna; krydda med salt och peppar. Fortsätt koka tills det tjocknat och inget synligt flytande ägg finns kvar, 3 till 5 minuter.

b) Fyll croissanterna med ägg, skinka och ost för att göra 8 smörgåsar. Slå in tätt i plastfolie och frys i upp till 1 månad.

c) För att värma upp, ta bort plastfolien från en frusen smörgås och linda in i en pappershandduk. Mikrovågsugn, vänd halvvägs, i 1 till 2 minuter, tills den är helt uppvärmd.

18. Vitlökssvamp havregryn

Ingredienser

- 2 dl gammaldags havregryn
- Kosher salt och nymalen svartpeppar, efter smak
- 1 msk olivolja
- 4 vitlöksklyftor, hackade
- ¼ kopp tärnad schalottenlök
- 8 uns cremini svamp, tunt skivad
- ½ kopp frysta ärtor
- 1 tsk torkad timjan
- ½ tesked torkad rosmarin
- 2 dl babyspenat
- Rivet skal av 1 citron
- ¼ kopp nyriven parmesan (valfritt)

Vägbeskrivning

a) Kombinera havre, 3 ½ dl vatten och en nypa salt i en liten kastrull på medelvärme. Koka, rör om då och då, tills havren har mjuknat, cirka 5 minuter.

b) Hetta upp olivoljan i en stor stekpanna på medelhög värme. Tillsätt vitlök och schalottenlök och koka, rör om ofta, tills det doftar, cirka 2 minuter. Tillsätt svamp, ärter, timjan och rosmarin och koka, rör om då och då, tills de är mjuka och bruna, 5 till 6 minuter; krydda med salt och peppar. Rör i spenaten tills den vissnat, ca 2 minuter.

c) Rör ner havregryn och citronskal i grönsakerna tills de är väl blandade. Dela blandningen i måltidsförberedande behållare och garnera med parmesan, om så önskas. Kyl i upp till 3 dagar.

d) För att servera, rör i upp till ¼ kopp vatten, 1 matsked i taget, tills önskad konsistens uppnås. Havregrynen kan sedan värmas upp i mikrovågsugnen i 30 sekunders intervall tills den är genomvärmd.

19. PB-Havregrynsfrukostskål

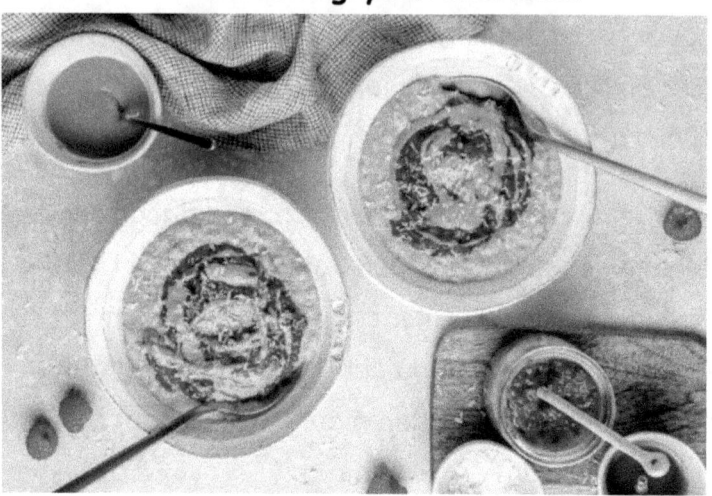

Ingredienser

- ½ kopp gammaldags havregryn
- Nypa koshersalt
- 2 msk hallon
- 2 msk blåbär
- 1 msk hackad mandel
- ½ tsk chiafrön
- 1 banan, tunt skivad
- 2 tsk jordnötssmör, värmt

Vägbeskrivning

a) Kombinera 1 kopp vatten, havre och salt i en liten kastrull. Koka på medelvärme, rör om då och då, tills havren har mjuknat, cirka 5 minuter.

b) Lägg till havregrynen i en måltidsförberedande behållare. Toppa med hallon, blåbär, mandel, chiafrön och banan och ringla över det varma jordnötssmöret. Håller sig täckt i kylen i 3 till 4 dagar.

c) Havregrynen kan serveras kall eller uppvärmd. Värm upp i mikrovågsugnen med 30 sekunders intervall tills den är genomvärmd.

20. Protein power våfflor

Ingredienser

- 6 stora ägg
- 2 dl keso
- 2 dl gammaldags havregryn
- ½ tesked vaniljextrakt
- Nypa koshersalt
- 3 koppar fettfri vanlig yoghurt
- 1 ½ dl hallon
- 1½ dl blåbär

Vägbeskrivning

a) Värm ett våffeljärn till medelhögt. Olja lätt toppen och botten av strykjärnet eller belägg med non-stick spray.

b) Blanda ägg, keso, havre, vanilj och salt i en mixer och mixa tills det är slätt.

c) Häll en liten ½ kopp av äggblandningen i våffeljärnet, stäng försiktigt och koka tills det är gyllenbrunt och knaprigt, 4 till 5 minuter.

d) Lägg våfflorna, yoghurten, hallonen och blåbären i måltidsförberedande behållare.

21. Mini-bagelbar med rökt lax

Ingredienser

- ¼ kopp ⅓ -mindre fet färskost, vid rumstemperatur
- 1 salladslök, tunt skivad
- 1 msk hackad färsk dill
- 1 tsk rivet citronskal
- ¼ tesked vitlökspulver
- 4 fullkorns mini bagels
- 8 uns rökt lax
- ½ kopp tunt skivad engelsk gurka
- ½ kopp tunt skivad rödlök
- 2 plommontomater, tunt skivade
- 4 tsk kapris, avrunnen och sköljd

Vägbeskrivning

a) I en liten skål, kombinera färskost, salladslök, dill, citronskal och vitlökspulver.

b) Lägg ostblandningen, bagels, lax, gurka, lök, tomater och kapris i måltidsförberedande behållare och tillsätt citronklyftor, om så önskas. Dessa håller sig i kylen i upp till 2 dagar.

SMOOTHIES

22. Bärbetssmoothie

Ingredienser

DEN FÖRBEREDELSEN

- 1 (9 ounce) paket kokta rödbetor
- 1 dl frysta jordgubbar
- 1 dl frysta hallon
- 1 msk chiafrön

DET TJÄNAR

- 1 kopp osötad vaniljmandelmjölk
- $\frac{1}{2}$ kopp 2% grekisk yoghurt
- 2 matskedar honung
- 1 tsk vaniljextrakt

Vägbeskrivning

a) Kombinera rödbetor, jordgubbar, hallon och chiafrön i en stor skål. Fördela mellan 4 ziplock fryspåsar. Frys i upp till en månad tills den ska serveras.

b) Placera innehållet i en påse i en mixer och tillsätt $\frac{1}{4}$ kopp mandelmjölk, 2 msk yoghurt, 1 $\frac{1}{2}$ tsk honung och $\frac{1}{4}$ tsk vanilj. Mixa tills det är slätt. Servera omedelbart.

23. Banan-jordnötssmör "milkshake"

Ingredienser

DEN FÖRBEREDELSEN

- 3 medelstora bananer, skivade
- ⅓ kopp jordnötssmörpulver (torrt som PB2)
- ⅓ kopp vaniljproteinpulver
- 3 urkärnade dadlar
- ¼ tesked mald kanel

DET TJÄNAR

- 1 kopp osötad mandelmjölk
- ½ kopp grekisk yoghurt
- Kanel (valfritt)

Vägbeskrivning

a) Kombinera bananer, PB-pulver, proteinpulver, dadlar och kanel i en stor skål. Dela mellan 5 ziplock fryspåsar och frys i upp till en månad tills de ska serveras

b) Placera innehållet i en påse i en mixer och tillsätt en generös 3 msk mandelmjölk, 1 ½ msk yoghurt och ¼ kopp is. Mixa tills det är slätt. Strö över kanel, om du använder, och servera omedelbart.

24. Antioxidant acaibärsmoothie

Ingredienser

DEN FÖRBEREDELSEN

- 2 (3,88-ounce) förpackningar fryst acaipuré, tinat
- 1 dl frysta hallon
- 1 dl frysta blåbär
- 1 dl frysta björnbär
- 1 dl frysta jordgubbar
- ½ kopp granatäpplekärnor

DET TJÄNAR

- 1½ dl granatäpplejuice

Vägbeskrivning

a) Kombinera acai, hallon, blåbär, björnbär, jordgubbar och granatäpplekärnor i en stor skål. Fördela blandningen mellan 4 ziplock fryspåsar. Frys i upp till en månad tills den ska serveras.

b) Placera innehållet i en påse i en mixer, tillsätt en generös ⅓ kopp granatäpplejuice och mixa tills det är slätt. Servera omedelbart.

25. Bärmelonsmoothie

Ingredienser

DEN FÖRBEREDELSEN

- 4 koppar tärnad fryst vattenmelon
- 2 koppar tärnad cantaloupe
- 1 dl frysta hallon
- ⅓ kopp packade färska myntablad

DET TJÄNAR

- 1 dl kokosvatten
- 4 matskedar färsk limejuice
- 2 matskedar honung

Vägbeskrivning

a) Kombinera vattenmelon, cantaloupe, hallon och mynta i en stor skål. Dela mellan 4 ziplock fryspåsar och frys i upp till en månad tills de ska serveras.

b) FÖR ATT GÖRA EN PORTION: Placera innehållet i en påse i en mixer och tillsätt ¼ kopp kokosvatten, 1 msk limejuice och 1 ½ tsk honung. Mixa tills det är slätt. Servera omedelbart.

26.   Black Forest smoothie

Ingredienser

DEN FÖRBEREDELSEN

- 1 (16-ounce) påse frysta urkärnade söta körsbär
- 2 dl babyspenat
- 2 matskedar kakaopulver
- 1 msk chiafrön

DET TJÄNAR

- 1 kopp osötad chokladmandelmjölk
- ¾ kopp vanilj 2% grekisk yoghurt
- 3 tsk lönnsirap
- 1 tsk vaniljextrakt

Vägbeskrivning

a) Kombinera körsbär, spenat, kakaopulver och chiafrön i en stor skål. Fördela mellan 4 ziplock fryspåsar. Frys i upp till en månad tills den ska serveras.

b) FÖR ATT GÖRA EN SERVNING: Placera innehållet i en påse i en mixer och tillsätt ¼ kopp mandelmjölk, 3 msk yoghurt, ¾ tsk lönnsirap och ¼ tsk vanilj. Mixa tills det är slätt. Servera omedelbart.

27.   Blueberry Pie Smoothie

Ingredienser

DEN FÖRBEREDELSEN

- 2 ½ dl frysta blåbär
- 1 banan, skivad
- 2 hela kanel graham kex, delade i bitar
- 1 msk mandelsmör

DET TJÄNAR

- 1 kopp osötad vaniljmandelmjölk
- ½ kopp 2% grekisk yoghurt
- 3 teskedar honung

Vägbeskrivning

a) Kombinera blåbär, banan, grahams kex och mandelsmör i en stor skål. Fördela mellan 4 ziplock fryspåsar. Frys i upp till en månad tills den ska serveras.

b) FÖR ATT GÖRA EN PORTION: Placera innehållet i en påse i en mixer och tillsätt ¼ kopp mandelmjölk, 2 msk yoghurt och ¾ tsk honung. Mixa tills det är slätt. Servera omedelbart.

28.   Morot ingefära smoothie

Ingredienser

DEN FÖRBEREDELSEN

- 2 navelapelsiner, skalade, hackade och kärnorna borttagna
- 2 koppar frysta skivade morötter
- 1 ½ dl tärnad fryst ananas
- 1 msk finhackad skalad färsk ingefära

DET TJÄNAR

- 1 dl morotsjuice
- 1 dl grekisk vaniljyoghurt
- 3 teskedar honung

Vägbeskrivning

a) Kombinera apelsiner, morötter, ananas och ingefära i en stor skål. Fördela mellan 4 ziplock fryspåsar. Frys i upp till en månad tills den ska serveras.

b) FÖR ATT GÖRA EN SERVNING: Placera innehållet i en påse i en mixer och tillsätt ¼ kopp morotsjuice, ¼ kopp yoghurt och ¾ tsk honung. Mixa tills det är slätt. Servera omedelbart.

29.   Krämig grön gudinna smoothie

Ingredienser

DEN FÖRBEREDELSEN

- 1 avokado, halverad, urkärnad och skalad
- 2 dl babyspenat
- 2 dl baby grönkål
- 1 ½ dl tärnad ananas
- 1 kopp hackade sockerärtor
- ⅓ kopp vaniljproteinpulver

DET TJÄNAR

- 1 ½ dl osötad mandelmjölk

Vägbeskrivning

a) Kombinera avokado, spenat, grönkål, ananas, snapsärtor och proteinpulver i en stor skål. Fördela mellan 6 ziplock fryspåsar. Frys i upp till en månad tills den ska serveras.

b) FÖR ATT GÖRA EN SERVNING: Placera innehållet i en påse i en mixer och tillsätt ¼ kopp mandelmjölk. Mixa tills det är slätt. Servera omedelbart.

30.   Trädgårds kiwi smoothie

Ingredienser

DEN FÖRBEREDELSEN

- 4 kiwi, skalade och skivade
- 2 koppar packad babyspenat
- 1 kopp skivad banan
- 2 msk chiafrön

DET TJÄNAR

- 1 dl grekisk vaniljyoghurt
- 1 huvud Bostonsallat
- 3 persiska gurkor, skivade

Vägbeskrivning

a) Kombinera kiwi, spenat, banan och chiafrön i en stor skål. Fördela mellan 4 ziplock fryspåsar. Frys i upp till en månad tills den ska serveras.

b) FÖR ATT GÖRA EN SERVNING: Placera innehållet i en påse i en mixer och tillsätt ¼ kopp yoghurt, ½ kopp trasiga salladsblad och skivad gurka. Mixa tills det är slätt. Servera omedelbart.

31. Grön detox smoothie

Ingredienser

DEN FÖRBEREDELSEN

- 2 dl babyspenat
- 2 dl baby grönkål
- 2 stjälkar selleri, hackade
- 1 medelgrönt äpple, urkärnat och hackat
- 1 kopp skivad banan
- 1 msk riven färsk ingefära
- 1 msk chiafrön

DET TJÄNAR

- 1 kopp osötad mandelmjölk
- 3 teskedar honung

Vägbeskrivning

a) Kombinera spenat, grönkål, selleri, äpple, banan, ingefära och chiafrön i en stor skål. Fördela mellan 4 ziplock fryspåsar. Frys i upp till en månad tills den ska serveras.

b) ATT GÖRA EN PORTION: Placera innehållet i en påse i en mixer och tillsätt ¼ kopp mandelmjölk och ¾ tsk honung. Mixa tills det är slätt. Servera omedelbart.

32. Grön proteinsmoothie

Ingredienser

DEN FÖRBEREDELSEN

- 3 dl babyspenat
- 1 banan, skivad
- ½ avokado, urkärnad och skalad
- ½ kopp blåbär
- 2 nävar färska bladpersilja
- 8 matskedar vaniljproteinpulver

DET TJÄNAR

- 1 kopp skivad gurka
- ¾ kopp osötad mandelmjölk

Vägbeskrivning

a) Kombinera spenat, banan, avokado, blåbär, persilja och proteinpulver i en stor skål. Fördela mellan 4 ziplock fryspåsar. Frys i upp till en månad tills den ska serveras.

b) FÖR ATT GÖRA EN SERVNING: Placera innehållet i en påse i en mixer och tillsätt ¼ kopp gurka och 3 msk mandelmjölk. Mixa tills det är slätt. Servera omedelbart.

33. Morotsgurkmeja smoothie

Ingredienser

DEN FÖRBEREDELSEN

- 1 kopp skivade frysta morötter
- 1 banan, skivad
- 1 medelgrönt äpple, urkärnat och hackat
- 1 (1-tums) bit färsk ingefära, skalad och skivad
- 1 tsk mald gurkmeja, eller mer efter smak

DET TJÄNAR

- 1 dl morotsjuice
- $\frac{1}{2}$ kopp 2% grekisk yoghurt
- 4 tsk lönnsirap
- $\frac{1}{2}$ tesked vaniljextrakt

Vägbeskrivning

a) Kombinera morötter, banan, äpple, ingefära och gurkmeja i en stor skål. Fördela mellan 4 ziplock fryspåsar.

b) Placera innehållet i en påse i en mixer och tillsätt $\frac{1}{4}$ kopp morotsjuice, 2 msk yoghurt, en generös tesked lönnsirap, $\frac{1}{8}$ tsk vanilj och $\frac{1}{4}$ kopp is. Mixa tills det är slätt. Servera omedelbart.

34. Peach melba smoothie

Ingredienser

DEN FÖRBEREDELSEN

- 1 (16-ounce) paket frysta skivade persikor
- 1 dl frysta hallon
- 1 apelsin, skalad och kärnad
- ⅓ kopp vaniljproteinpulver

DET TJÄNAR

- ½ kopp apelsinjuice
- 2 msk färsk limejuice
- 3 teskedar honung
- 1 ½ tsk vaniljextrakt

Vägbeskrivning

a) Kombinera persikorna, hallonen, apelsinen och proteinpulvret i en stor skål. Fördela mellan 6 ziplock fryspåsar. Frys i upp till en månad tills den ska serveras.

b) Placera innehållet i en påse i en mixer och tillsätt 4 tsk apelsinjuice, 1 tsk limejuice, ½ tsk honung och en generös ¼ tsk vanilj. Mixa tills det är slätt. Servera omedelbart.

35. Rainbow kokos smoothie

Ingredienser

DEN FÖRBEREDELSEN

- 2 mandariner, skalade och segmenterade
- 1 kopp tärnad ananas
- 1 kopp tärnad mango
- 1 kopp skivade jordgubbar
- 1 dl blåbär
- 1 dl björnbär
- 1 kiwi, skalad och skivad
- 2 dl babyspenat
- ½ kopp flingad kokos

DET TJÄNAR

- 2 koppar kokosvatten

Vägbeskrivning

a) Kombinera mandariner, ananas, mango, jordgubbar, blåbär, björnbär, kiwi, spenat och kokos i en stor skål. Fördela mellan 6 ziplock fryspåsar. Frys i upp till en månad tills den ska serveras.

b) FÖR ATT GÖRA EN SERVNING: Placera innehållet i en påse i en mixer och tillsätt ⅓ kopp kokosvatten. Mixa tills det är slätt. Servera omedelbart.

36. Tropisk grön smoothie

Ingredienser

DEN FÖRBEREDELSEN

- 4 dl babyspenat
- 1 dl fryst mango
- ¾ kopp fryst ananas
- 1 banan, skivad
- 2 mandariner, skalade och segmenterade
- 4 teskedar chiafrön

DET TJÄNAR

- 3 koppar kokosvatten

Vägbeskrivning

a) Kombinera spenat, mango, ananas, banan, mandariner och chiafrön i en stor skål. Fördela mellan 4 ziplock fryspåsar. Frys i upp till en månad tills den ska serveras.

b) FÖR ATT GÖRA EN PORTION: Placera innehållet i en påse i en mixer och tillsätt ¾ kopp kokosvatten. Mixa tills det är slätt. Servera omedelbart.

37. Tropisk Quinoa Smoothie

Ger 1 smoothie

Ingredienser

- ¼ kopp (45 g) kokt quinoa
- ¼ kopp (60 ml) lätt kokosmjölk (eller valfri mjölk)
- ⅓ kopp (50 g) frysta mangobitar ⅓ kopp (45g) frysta ananasbitar ½ fryst banan
- 1 msk osötad riven kokos
- 1 msk kokossocker, efter smak ½ tsk vanilj

Vägbeskrivning

a) Blanda alla ingredienser i en mixer tills det är slätt. Justera konsistensen efter smak genom att tillsätta mer mjölk för en tunnare smoothie och is eller lite yoghurt för en tjockare smoothie.

b) Njut av!

SNACKLÅDA

38. Antipasto snackbox för två

Ingredienser

- 2 uns tunt skivad prosciutto
- 2 uns salami, i tärningar
- 1-ounce goudaost, tunt skivad
- 1-ounce parmesanost, tunt skivad
- ¼ kopp mandel
- 2 msk gröna oliver
- 2 msk svarta oliver

Vägbeskrivning

a) Placera prosciutto, salami, ostar, mandel och oliver i en måltidsförberedande behållare.

b) Täck över och ställ i kylen i upp till 4 dagar.

39. Snacklåda med buffelkyckling

Ingredienser

- 1 kopp överbliven strimlad rotisserie kyckling
- 2 msk grekisk yoghurt
- 2 matskedar varm sås
- $\frac{1}{4}$ tesked vitlökspulver
- $\frac{1}{4}$ tesked lökpulver
- Kosher salt och nymalen svartpeppar, efter smak
- 6 stjälkar selleri, halverade
- $\frac{1}{2}$ kopp jordgubbar, skivade
- $\frac{1}{2}$ kopp vindruvor
- 2 msk smulad ädelost
- 1 msk hackad färsk bladpersilja

Vägbeskrivning

a) Kombinera kyckling, yoghurt, varm sås, vitlökspulver och lökpulver i en stor skål; smaka av med salt och peppar. Täck över och ställ i kylen i upp till 3 dagar.

b) Dela selleripinnarna, jordgubbarna och druvorna i måltidsförberedande behållare.

40. Kyckling och hummus bistrolåda

Ingredienser

- 1 pund benfria, skinnfria kycklingbröst, skurna i strimlor
- ½ tsk vitlökspulver
- ¼ tesked lökpulver
- Kosher salt och nymalen svartpeppar, efter smak
- 1 gurka, tunt skivad
- 4 mini helvete pitas
- 1 kopp körsbärstomater
- ½ kopp hummus (hemgjord eller köpt i butik)

Vägbeskrivning

a) Förvärm grillen till medelhög värme. Krydda kycklingen med vitlökspulver, lökpulver, salt och peppar.

b) Lägg till kycklingen på grillen och koka, vänd en gång, tills den är genomstekt och saften blir klar, 5 till 6 minuter på varje sida; ställ åt sidan tills det svalnat.

c) Dela kyckling, gurka, pitabröd, tomater och hummus i måltidsförberedande behållare. Kyl i upp till 3 dagar.

41. Choklad-jordgubbsenergibitar

Ingredienser

- 1 dl gammaldags havregryn
- ½ kopp osötad riven kokos
- ⅓ kopp cashewsmör
- ¼ kopp honung
- 3 matskedar chiafrön
- ½ tesked vaniljextrakt
- ¼ tesked kosher salt
- ¾ kopp finhackade frystorkade jordgubbar
- ¼ kopp mini chokladchips

Vägbeskrivning

a) Klä en bakplåt med vaxat papper eller bakplåtspapper; avsätta.

b) I en matberedare, pulsera havre och kokos tills blandningen liknar ett grovt mjöl, 5 till 6 pulser; överför till en medelstor skål.

c) Använd en träslev och rör ner cashewsmör, honung, chiafrön, vanilj och salt tills det är väl blandat. Rör ner jordgubbarna och chokladbitarna tills de är blandade.

d) Knåda ihop blandningen och forma till 15 (1-tums) bollar, cirka 1 ½ matsked vardera. Lägg på den förberedda bakplåten i ett enda lager.

e) Kyl tills den stelnar, ca 1 timme. Förvara i en lufttät behållare i kylen i upp till 1 vecka, eller i frysen i upp till 1 månad.

42. Deli snacklåda

Ingredienser

- 1 stort ägg
- 1 ½ uns tunt skivat kalkonbröst
- ¼ kopp körsbärstomater
- 1-ounce skarp cheddarost, i tärningar
- 4 kex med pitabrätt
- 1 matsked rå mandel

Vägbeskrivning

a) Lägg ägget i en kastrull och täck med kallt vatten med 1 tum. Koka upp och koka i 1 minut. Täck pannan med ett tättslutande lock och ta bort från värmen; låt sitta i 8 till 10 minuter. Häll av väl och låt svalna innan du skalar.

b) Placera kalkon, ägg, tomater, ost, kex och mandel i en måltidsförberedande behållare. Detta kan förvaras i kylen i upp till 3 dagar.

43. Pizza snackables

Ingredienser

- 4 kex med pitabrätt
- 2 matskedar strimlad mozzarellaost med reducerad fetthalt
- 2 msk pizzasås
- 2 matskedar mandel
- 1 msk mini pepperoni
- $\frac{1}{4}$ kopp druvor

Vägbeskrivning

a) Placera kex, ost, pizzasås, mandel, pepperoni och druvor i en måltidsförberedande behållare.

b) Kyl i upp till 3 dagar.

44. Grekisk kikärtskraftsallad

Ingredienser

Oregano-vitlöksvinägrett

- ¼ kopp extra virgin olivolja
- 3 matskedar rödvinsvinäger
- 2 tsk torkad oregano
- 1 ½ tsk fullkornssenap
- 1 vitlöksklyfta, pressad
- ¼ tesked socker (valfritt)
- Kosher salt och nymalen svartpeppar, efter smak

Sallad

- 1 (15-ounce) burk garbanzobönor, sköljda och tömda
- 1 pint druvtomater, halverade
- 1 gul paprika, tärnad
- 1 apelsin paprika, tärnad
- 2 persiska gurkor, halverade på längden och tunt skivade
- 1 dl hackad färsk bladpersilja
- ⅓ kopp tärnad rödlök

- 1 (4-ounce) behållare fetaost, smulad

Vägbeskrivning

a) FÖR VINAIGRETEN: I en liten skål, vispa ihop olivolja, vinäger, oregano, senap, vitlök och socker; smaka av med salt och peppar. Håller sig täckt i kylen i 3 till 4 dagar.

b) Kombinera garbanzobönor, tomater, paprika, gurka, persilja, lök och ost i en stor skål. Dela i måltidsförberedande behållare. Håller sig övertäckt i kylen i 3 till 4 dagar.

c) För att servera, häll vinägrett på salladen och blanda försiktigt för att kombinera.

45. Snacklåda med grönkålschips

Ingredienser

Grönkålschips

- 1 knippe grönkål, stjälkar och tjocka revben borttagna
- 2 matskedar olivolja
- 1 vitloksklyfta, pressad
- Kosher salt och nymalen svartpeppar, efter smak

Krispiga garbanzobönor

- 1 (16-ounce) burk garbanzobönor, avrunna och sköljda
- 1 ½ msk olivolja
- 1 ½ tsk chili lime krydda
- 1 dl jordgubbar, skivade
- 1 kopp vindruvor
- 4 mandariner, skalade och segmenterade

Vägbeskrivning

a) Värm ugnen till 375 grader F. Olja lätt en bakplåt eller belägg med nonstick-spray.

b) FÖR GRÖNKOLSCHIPSEN: Lägg grönkålen på den förberedda bakplåten. Tillsätt olivoljan och vitlöken och smaka av med salt och peppar. Kasta försiktigt för att kombinera och arrangera i ett enda lager. Grädda i 10 till 13 minuter, eller tills de är knapriga; flyga svalt helt. Avsätta.

c) FÖR DE KRISPIGA BÖNOR: Använd en ren kökshandduk eller hushållspapper och torka garbanzobönorna noggrant. Ta bort och kassera skinn. Lägg garbanzos i ett enda lager på plåten och grädda i 20 minuter. Tillsätt olivolja och chili lime krydda och blanda försiktigt för att kombinera. Grädda tills de är knapriga och torra, ytterligare 15 till 17 minuter.

d) Stäng av ugnen och öppna luckan något; svalna helt i ugnen i 1 timme.

e) Placera jordgubbarna, druvorna och mandarinerna i måltidsförberedande behållare. Håller sig övertäckt i kylen i 3 till 4 dagar. Grönkålschips och garbanzos bör förvaras separat i ziplock-påsar i rumstemperatur för att hålla dem snygga och krispiga.

48. Minipumpaproteinmunkar

Ingredienser

- 1 kopp vitt fullkornsmjöl
- ½ kopp vaniljvassleproteinpulver
- ⅓ kopp fast packat ljust farinsocker
- 1 ½ tsk bakpulver
- 1 tsk pumpapajkrydda
- ¼ tesked kosher salt
- 1 kopp konserverad pumpapuré
- 3 matskedar osaltat smör, smält
- 2 stora äggvitor
- 2 matskedar 2% mjölk
- 1 tsk mald kanel
- ⅓ kopp strösocker
- 2 msk osaltat smör, smält

Vägbeskrivning

a) Värm ugnen till 350 grader F. Belägg kopparna på munkpannan med nonstick-spray.

b) I en stor skål, kombinera mjöl, proteinpulver, farinsocker, bakpulver, pumpapajkrydda och salt.

c) Vispa ihop pumpa, smör, äggvita och mjölk i ett stort glasmått eller en annan skål.

d) Häll den våta blandningen över de torra ingredienserna och rör om med en gummispatel tills den är fuktig.

e) Häll smeten jämnt i munkformen. Grädda i 8 till 10 minuter, tills munkarna är lätt bruna och springer tillbaka vid beröring. Kyl i 5 minuter.

f) Blanda kanel och socker i en liten skål. Doppa varje munk i det smälta smöret och sedan i kanelsockret.

g) Servera varm eller i rumstemperatur. Förvara i en lufttät behållare upp till 5 dagar.

49. Regnbågshummus vegohjul

Ingredienser

- 2 msk hummus
- 1 (8-tums) spenattortilla
- ¼ kopp tunt skivad röd paprika
- ¼ kopp tunt skivad gul paprika
- ¼ kopp tunt skivad morot
- ¼ kopp tunt skivad gurka
- ¼ kopp babyspenat
- ¼ kopp strimlad rödkål
- ¼ kopp alfalfa groddar
- ½ kopp jordgubbar
- ½ kopp blåbär

Vägbeskrivning

a) Bred ut hummusen över ytan av tortillan i ett jämnt lager, lämna en ¼-tums kant. Placera paprika, morot, gurka, spenat, kål och groddar i mitten av tortillan.

b) För den nedre kanten av tortillan tätt över grönsakerna, vik in sidorna. Fortsätt rulla tills toppen av tortillan nås. Skär i sjättedelar.

c) Placera pinwheels, jordgubbar och blåbär i en måltidsförberedande behållare. Kyl i 3 till 4 dagar.

50. Salsa snack box

Ingredienser

- ¾ kopp tärnade jordgubbar
- ¾ kopp tärnad mango
- 1 jalapeño, kärnad och finhackad
- 2 msk tärnad rödlök
- 2 msk hackade färska korianderblad
- 2 teskedar honung
- Saft av 1 lime
- 2 dl tortillachips
- 1 röd paprika, tunt skivad
- 1 apelsin paprika, tunt skivad
- 1 jicama, skalad och skivad i tjocka tändstickor
- 1 ananas, skuren i klyftor

Vägbeskrivning

a) I en stor skål, kombinera jordgubbar, mango, jalapeño, lök, koriander, honung och limejuice.

b) Dela tortillachipsen i ziplockpåsar. Dela salsa, paprika, jicama och ananas i måltidsförberedande behållare. Håller sig i kylen i 3 till 4 dagar.

51. Hemlagad hummus

Ger ca 2 koppar

Ingredienser

- 1 15 oz. burk (425 g) kikärter, avrunna/sköljda (reservvätska)
- ¼ kopp (60 ml) av kikärtsburkens vätska (eller undervatten)
- 1 msk finhackad vitlök
- 1 msk tahini
- 1 ½ msk citronsaft
- ½ tesked spiskummin
- ¼ tesked salt
- ¼ teskedar paprika
- ⅛ teskedar cayenne, efter smak
- ⅛ teskedar peppar, efter smak

Vägbeskrivning

a) Blanda alla ingredienser i en matberedare.

b) Skrapa ner sidorna halvvägs och justera kryddor efter smak.

52. Trail Mix

Ger ca 2 koppar

Ingredienser

- 1 kopp (15 g) poppade popcorn
- ¼ kopp (40 g) rostade jordnötter
- ¼ kopp (40 g) rostad mandel
- ¼ kopp (40 g) pumpafrön
- ¼ kopp (35g) torkade blåbär, inget tillsatt socker
- 2 msk mörk chokladchips (valfritt)
- nypa kanel (valfritt)
- nypa salt

Vägbeskrivning

a) Blanda ihop alla ingredienser, justera kanel och salt efter smak om så önskas.

b) Förvara i en lufttät behållare.

c) Håller upp till 2 veckor i skafferiet.

53. Oljefri pesto

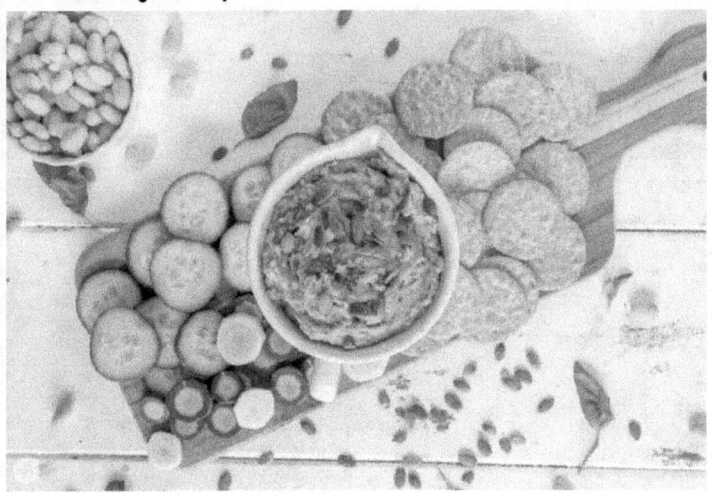

Ger ca 2 koppar

Ingredienser

- 1 ½ koppar (60 g) färsk basilika
- 1 ½ koppar (60 g) färsk spenat
- 1 15 oz. (425g) burk vita bönor, avrunna/sköljda
- 2 matskedar valnötter
- 2 msk citronsaft
- 1 tsk vitlök
- salt och peppar efter smak

Vägbeskrivning

a) Lägg alla ingredienser i en matberedare och bearbeta tills det är väl blandat och önskad konsistens uppnåtts.

b) Ställ i kylen efter att ha gjorts.

c) Håller 1-2 veckor i kylen.

54. Äggmuffins

Ger ca 12

Ingredienser

- 3-4 koppar (540-720 g) blandade grönsaker, tärnade
- 2 koppar (480 g) äggvita/ersättning (eller ägg), kryddad med salt och peppar

Vägbeskrivning

a) Värm ugnen till 375F (190C).

b) Fördela blandade grönsaker efter eget val i en sprejad muffinsform, fyll på ungefär ½ sätt.

c) Häll ägg i burkar, fyll på ⅔ långt till toppen.

d) Grädda i cirka 15 minuter, tills den är helt stel.

e) Njut varmt eller sval och njut av kallt! Dessa är också bra uppvärmda.

f) Håller sig ca 3 dagar i kylen, eller 2-3 månader i frysen.

55. Tofubitar

Ger 4 portioner

Ingredienser

- 1 14 oz. (400g) förpackning extra fast tofu
- matlagningsspray
- salt och peppar
- ytterligare krydda

Vägbeskrivning

a) Värm ugnen till 400F (200C).

b) Skär den pressade tofun i tärningar eller strimlor, som du föredrar.

c) Blanda lätt med lite matlagningsspray och kryddor efter smak. Överför till en plåt klädd med bakplåtspapper.

d) Grädda i ca 45 minuter, vänd halvvägs igenom.

56. Kycklingsallad

Ger 1 portion

Ingredienser

- 4 oz. (115 g) kycklingbröst, strimlat eller i tärningar
- 2 matskedar grekisk yoghurt
- 1 tsk dijonsenap
- 1 tsk gul senap
- 2 matskedar salladslök
- 3 matskedar vindruvor, halverade eller i fjärdedelar
- 3 msk hackad selleri
- 2 msk hackade valnötter eller pekannötter
- 1 tsk dragon
- salt och peppar efter smak

Vägbeskrivning

a) Blanda ihop alla ingredienser.

b) Slappna av och njut! Håller ca 5 dagar i kylen.

57. Tex-Mex Quinoa

Ger 12 portioner

Ingredienser

- 1 kopp (180 g) okokt quinoa, sköljd
- 1 lb. (450g) extra magert kalkonbröst
- 1 15 oz. burk (425g) svarta bönor, avrunna/sköljda
- 1 15 oz. burk (425g) sockermajs, avrunnen/sköljd
- 1 10 oz. burk (285g) tärnade tomater och grön chili
- 1 10 oz. burk (285g) röd enchiladasås
- 1 ½ dl (350 ml) kyckling-/grönsaksbuljong eller vatten
- 1 grön paprika, hackad ½ kopp (80 g) hackad lök 2 jalapeño, kärnade
- 1 msk finhackad vitlök
- 2 msk tacokrydda

Vägbeskrivning

a) Tillsätt allt i långsamkokaren. Rör om väl för att kombinera.

b) Sänk värmen till låg. Låt koka i 6-8 timmar, långsamt och lågt. Rör om en eller två gånger under hela tillagningstiden. (Koka på hög i 4 timmar om du är i tidsnöd).

c) Servera med grekisk yoghurt som gräddfilsersättning, salsa och avokado eller guacamole.

58. Förbereda tonfisksallad

Ingredienser

- 2 stora ägg

- 2 (5-ounce) burkar tonfisk i vatten, avrunna och flingade

- ½ kopp fettfri grekisk yoghurt

- ¼ kopp tärnad selleri

- ¼ kopp tärnad rödlök

- 1 msk dijonsenap

- 1 matsked söt pickle relish (valfritt)

- 1 tsk färskpressad citronsaft, eller mer efter smak

- ¼ tesked vitlökspulver

- Kosher salt och nymalen svartpeppar, efter smak

- 4 Bibb salladsblad

- ½ kopp rå mandel

- 1 gurka, skivad

- 1 äpple, skivat

Vägbeskrivning

a) Lägg äggen i en stor kastrull och täck med kallt vatten med 1 tum. Koka upp och koka i 1 minut. Täck grytan med ett tättslutande lock och ta bort från värmen; låt sitta i 8 till 10 minuter. Häll av väl och låt svalna innan du skalar och halverar.

b) I en medelstor skål, kombinera tonfisk, yoghurt, selleri, lök, senap, relish, citronsaft och vitlökspulver; smaka av med salt och peppar.

c) Dela salladsblad i måltidsförberedande behållare. Toppa med tonfiskblandning och lägg till ägg, mandel, gurka och äpple vid sidan om. Håller sig i kylen i 3 till 4 dagar.

VARM LUNCH

59. Kyckling burrito skålar

Ingredienser

Chipotle gräddsås

- ½ kopp fettfri grekisk yoghurt
- 1 chipotlepeppar i adobosås, hackad eller mer efter smak
- 1 vitlöksklyfta, finhackad
- 1 msk färskpressad limejuice

Burrito skål

- ⅔ kopp brunt ris
- 1 msk olivolja
- 1-pund mald kyckling
- ½ tsk chilipulver
- ½ tsk vitlökspulver
- ½ tsk malen spiskummin
- ½ tsk torkad oregano
- ¼ tesked lökpulver
- ¼ tesked paprika
- Kosher salt och nymalen svartpeppar, efter smak

- 1 (15-ounce) burk svarta bönor, avrunna och sköljda
- 1 ¾ koppar majskärnor (frysta, konserverade eller rostade)
- ½ kopp pico de gallo (hemgjord eller köpt i butik)

Vägbeskrivning

a) FÖR CHIPOTLE-KRÄMSÅSEN: Vispa ihop yoghurt, chipotlepeppar, vitlök och limejuice. Täck över och ställ i kylen i upp till 3 dagar.

b) Koka riset enligt förpackningens instruktioner i en stor kastrull med 2 dl vatten; avsätta.

c) Värm olivoljan i en stor kastrull eller holländsk ugn på medelhög värme. Tillsätt mald kyckling, chilipulver, vitlökspulver, spiskummin, oregano, lökpulver och paprika; krydda med salt och peppar. Koka tills kycklingen har fått färg, 3 till 5 minuter, se till att smula kycklingen när den tillagas; dränera överflödigt fett.

d) Dela ris i måltidsförberedande behållare. Toppa med mald kycklingblandning, svarta bönor, majs och pico de gallo. Håller sig övertäckt i kylen i 3 till 4 dagar. Ringla över chipotle gräddsås. Garnera med koriander och limeklyfta, om så önskas, och servera. Värm i mikrovågsugnen i 30 sekunders intervall tills den är genomvärmd.

60. Kyckling Tikka Masala

Ingredienser

- 1 kopp basmatiris
- 2 msk osaltat smör
- 1 ½ pund benfria, skinnfria kycklingbröst, skurna i 1-tums bitar
- Kosher salt och nymalen svartpeppar, efter smak
- 1 lök, tärnad
- 2 msk tomatpuré
- 1 msk nyriven ingefära
- 3 vitlöksklyftor, hackade
- 2 tsk garam masala
- 2 tsk chilipulver
- 2 tsk mald gurkmeja
- 1 (28-ounce) burk tärnade tomater
- 1 dl kycklingfond
- ⅓ kopp tung grädde
- 1 msk färsk citronsaft
- ¼ kopp hackade färska korianderblad (valfritt)

- 1 citron, skuren i klyftor (valfritt)

Vägbeskrivning

a) Koka riset enligt förpackningens instruktioner i en stor kastrull med 2 dl vatten; avsätta.

b) Smält smöret i en stor stekpanna på medelvärme. Krydda kycklingen med salt och peppar. Lägg till kycklingen och löken i stekpannan och koka, rör om då och då, tills de är gyllene, 4 till 5 minuter. Rör i tomatpuré, ingefära, vitlök, garam masala, chilipulver och gurkmeja och koka tills det är väl kombinerat, 1 till 2 minuter. Rör ner de tärnade tomaterna och kycklingfonden. Låt det koka upp; minska värmen och låt sjuda, rör om då och då, tills det tjocknat något, cirka 10 minuter.

c) Rör ner grädden, citronsaften och kycklingen och koka tills den är genomvärmd, cirka 1 minut.

d) Lägg ris- och kycklingblandningen i måltidsförberedande behållare. Garnera med koriander och citronklyfta, om så önskas, och servera. Håller sig övertäckt i kylen i 3 till 4 dagar. Värm i mikrovågsugnen i 30 sekunders intervall tills den är genomvärmd.

61. Grekiska kycklingskålar

Ingredienser

Kyckling och ris

- 1 pund benfria, skinnfria kycklingbröst
- ¼ kopp plus 2 msk olivolja, uppdelad
- 3 vitlöksklyftor, hackade
- Saften av 1 citron
- 1 msk rödvinsvinäger
- 1 msk torkad oregano
- Kosher salt och nymalen svartpeppar, efter smak
- ¾ kopp brunt ris

Gurksallad

- 2 engelska gurkor, skalade och skivade
- ½ kopp tunt skivad rödlök
- Saften av 1 citron
- 2 matskedar extra virgin olivolja
- 1 msk rödvinsvinäger
- 2 vitlöksklyftor, pressade

- ½ tsk torkad oregano

Tzatzikisås

- 1 dl grekisk yoghurt
- 1 engelsk gurka, fint tärnad
- 2 vitlöksklyftor, pressade
- 1 msk hackad färsk dill
- 1 tsk rivet citronskal
- 1 msk färskpressad citronsaft
- 1 tsk hackad färsk mynta (valfritt)
- Kosher salt och nymalen svartpeppar, efter smak
- 2 matskedar extra virgin olivolja
- 1 ½ pund körsbärstomater, halverade

Vägbeskrivning

a) FÖR KYCKLING: Kombinera kycklingen, ¼ kopp av olivoljan, vitlöken, citronsaften, vinägern och oregano i en ziplockpåse i gallonstorlek; krydda med salt och peppar. Marinera kycklingen i kylen i minst 20 minuter eller upp till 1 timme, vänd på påsen då och då. Låt kycklingen rinna av och släng marinaden.

b) Värm de återstående 2 matskedar olivolja i en stor stekpanna på medelhög värme. Tillsätt kycklingen och koka, vänd en gång, tills den är genomstekt, 3 till 4 minuter per sida. Låt svalna innan du skär i lagom stora bitar.

c) Koka riset i en stor kastrull med 2 dl vatten enligt anvisningarna på förpackningen.

d) Dela riset och kycklingen i måltidsförberedande behållare. Håller sig övertäckt i kylen upp till 3 dagar.

e) FÖR GURKSALLAD: Kombinera gurka, lök, citronsaft, olivolja, vinäger, vitlök och oregano i en liten skål. Täck över och ställ i kylen i upp till 3 dagar.

f) FÖR TZATZIKISÅSEN: Kombinera yoghurt, gurka, vitlök, dill, citronskal och saft och mynta (om du använder den) i en liten skål. Krydda med salt och peppar efter smak och ringla över olivolja. Täck över och ställ i kylen i minst 10 minuter, låt smakerna smälta. Kan kylas 3 till 4 dagar.

g) För att servera, värm ris och kyckling i mikrovågsugnen i 30 sekunders intervall tills det är genomvärmt. Toppa med gurksallad, tomater och tzatzikisås och servera.

62. Förberedda nötköttsskålar för koreansk måltid

Ingredienser

- ⅔ kopp vitt eller brunt ris
- 4 medelstora ägg
- 1 msk olivolja
- 2 vitlöksklyftor, hackade
- 4 dl hackad spenat

Koreanskt nötkött

- 3 matskedar packat farinsocker
- 3 matskedar sojasås med reducerad natrium
- 1 msk nyriven ingefära
- 1 ½ tsk sesamolja
- ½ tesked sriracha (valfritt)
- 2 tsk olivolja
- 2 vitlöksklyftor, hackade
- 1-pund köttfärs
- 2 salladslökar, tunt skivade (valfritt)
- ¼ tesked sesamfrön (valfritt)

Vägbeskrivning

a) Koka riset enligt anvisningarna på förpackningen; avsätta.

b) Lägg äggen i en stor kastrull och täck med kallt vatten med 1 tum. Koka upp och koka i 1 minut. Täck grytan med ett tättslutande lock och ta bort från värmen; låt sitta i 8 till 10 minuter. Låt rinna av väl och låt svalna innan du skalar och skär på mitten.

c) Hetta upp olivoljan i en stor stekpanna på medelhög värme. Tillsätt vitlöken och koka, rör om ofta, tills det doftar, 1 till 2 minuter. Rör i spenaten och koka tills vissnat, 2 till 3 minuter; avsätta.

d) Till nötköttet: Vispa ihop farinsocker, soja, ingefära, sesamolja och sriracha i en liten skål.

e) Hetta upp olivoljan i en stor stekpanna på medelhög värme. Tillsätt vitlöken och koka under konstant omrörning tills den doftar, cirka 1 minut. Tillsätt köttfärsen och koka tills den fått färg, 3 till 5 minuter, se till att smula nötköttet när det tillagas; dränera överflödigt fett. Rör i sojasåsblandningen och salladslöken tills de är väl kombinerade, låt sedan sjuda tills de är genomvärmda, cirka 2 minuter.

f) Placera ris, ägg, spenat och köttfärsblandning i måltidsförberedande behållare och garnera med salladslök och sesamfrön, om så önskas. Håller sig övertäckt i kylen i 3 till 4 dagar.

g) Värm i mikrovågsugnen i 30 sekunders intervall tills den är genomvärmd.

63. Mason burk kyckling och ramen soppa

Ingredienser

- 2 (5,6 ounce) förpackningar med kylda yakisoba-nudlar
- 2 ½ msk grönsaksbuljongbaskoncentrat med reducerad natriumhalt (vi gillar Better Than Bouillon)
- 1 ½ msk sojasås med reducerad natrium
- 1 msk risvinsvinäger
- 1 msk nyriven ingefära
- 2 tsk sambal oelek (malen färsk chilipasta), eller mer efter smak
- 2 tsk sesamolja
- 2 dl överbliven strimlad rotisseriekyckling
- 3 dl babyspenat
- 2 morötter, skalade och rivna
- 1 kopp skivad shiitakesvamp
- ½ kopp färska korianderblad
- 2 salladslökar, tunt skivade
- 1 tsk sesamfrön

Vägbeskrivning

a) Koka yakisoba i en stor kastrull med kokande vatten tills den lossnar, 1 till 2 minuter; dränera väl.

b) I en liten skål, kombinera buljongbasen, sojasås, vinäger, ingefära, sambal oelek och sesamolja.

c) Dela buljongblandningen i 4 (24-ounce) glasburkar med bred mun med lock eller andra värmebeständiga behållare. Toppa med yakisoba, kyckling, spenat, morötter, champinjoner, koriander, salladslök och sesamfrön. Täck över och ställ i kylen i upp till 4 dagar.

d) För att servera, avtäck en burk och tillsätt tillräckligt med varmt vatten för att täcka innehållet, cirka $1\frac{1}{4}$ koppar. Mikrovågsugn, utan lock, tills den är genomvärmd, 2 till 3 minuter. Låt stå i 5 minuter, rör om och servera omedelbart.

64. Mason burk bolognese

Ingredienser

- 2 matskedar olivolja
- 1-pund köttfärs
- 1 pund italiensk korv, tarmen borttagen
- 1 lök, finhackad
- 4 vitlöksklyftor, hackade
- 3 (14,5-ounce) burkar tärnade tomater, avrunna
- 2 (15-ounce) burkar tomatsås
- 3 lagerblad
- 1 tsk torkad oregano
- 1 tsk torkad basilika
- $\frac{1}{2}$ tsk torkad timjan
- 1 tsk kosher salt
- $\frac{1}{2}$ tsk nymalen svartpeppar
- 2 (16 ounce) förpackningar mozzarellaost med reducerad fetthalt, i tärningar
- 32 uns okokt fullkornsfusilli, tillagad enligt förpackningsanvisningar; ca 16 koppar kokta

Vägbeskrivning

a) Hetta upp olivoljan i en stor stekpanna på medelhög värme. Tillsätt köttfärs, korv, lök och vitlök. Koka tills de är bruna, 5 till 7 minuter, se till att smula nötköttet och korven medan det tillagas; dränera överflödigt fett.

b) Överför köttfärsblandningen till en 6-quart långkokare. Rör ner tomater, tomatsås, lagerblad, oregano, basilika, timjan, salt och peppar. Täck över och koka på låg värme i 7 timmar och 45 minuter. Ta av locket och vrid långsamkokaren till hög. Fortsätt koka i 15 minuter, tills såsen har tjocknat. Kasta lagerbladen och låt såsen svalna helt.

c) Dela såsen i 16 (24-ounce) glasburkar med bred mun med lock eller andra värmebeständiga behållare. Toppa med mozzarella och fusilli. Kyl i upp till 4 dagar.

d) För att servera, mikrovågsugn utan lock tills den är genomvärmd, cirka 2 minuter. Rör om för att kombinera.

65. Mason burk lasagne

Ingredienser

- 3 lasagnenudlar
- 1 msk olivolja
- ½ pund malen ryggbiff
- 1 lök, tärnad
- 2 vitlöksklyftor, hackade
- 3 matskedar tomatpuré
- 1 tsk italiensk krydda
- 2 (14,5-ounce) burkar tärnade tomater
- 1 medelstor zucchini, riven
- 1 stor morot, riven
- 2 dl strimlad babyspenat
- Kosher salt och nymalen svartpeppar, efter smak
- 1 kopp delvis skummad ricottaost
- 1 dl riven mozzarellaost, delad
- 2 msk hackade färska basilikablad

Vägbeskrivning

a) Koka pastan enligt anvisningarna på förpackningen i en stor kastrull med kokande saltat vatten; dränera väl. Skär varje nudel i 4 bitar; avsätta.

b) Värm olivoljan i en stor stekpanna eller holländsk ugn på medelhög värme. Tillsätt den malda ryggbiffen och löken och koka tills den fått färg, 3 till 5 minuter, se till att smula nötköttet när det tillagas; dränera överflödigt fett.

c) Rör ner vitlök, tomatpuré och italiensk krydda och koka tills det doftar, 1 till 2 minuter. Rör ner tomaterna, sänk värmen och låt sjuda tills de tjocknat något, 5 till 6 minuter. Rör i zucchini, morot och spenat och koka, rör om ofta, tills de är mjuka, 2 till 3 minuter. Krydda med salt och peppar efter smak. Ställ såsen åt sidan.

d) I en liten skål, kombinera ricottan, $\frac{1}{2}$ kopp mozzarella och basilikan; smaka av med salt och peppar

e) Förvärm ugnen till 375 grader F. Olja lätt 4 (16-ounce) glasburkar med bred mun med lock, eller andra ugnssäkra behållare, eller täck med nonstick-spray.

f) Lägg 1 pastabit i varje burk. Fördela en tredjedel av såsen i burkarna. Upprepa med ett andra lager pasta och sås. Toppa med ricottablandning, resterande pasta och resterande sås. Strö över resterande $\frac{1}{2}$ kopp mozzarellaost.

g) Ställ burkarna på en plåt. Sätt in i ugnen och grädda tills det bubblar, 25 till 30 minuter; helt coolt. Kyl i upp till 4 dagar.

66. Miso ingefära detox soppa

Ingredienser

- 2 tsk rostad sesamolja
- 2 tsk rapsolja
- 3 vitlöksklyftor, hackade
- 1 msk nyriven ingefära
- 6 dl grönsaksfond
- 1 ark kombu, skuren i små bitar
- 4 tsk vit misopasta
- 1 (3,5-ounce) paket shiitakesvamp, skivad (cirka 2 koppar)
- 8 uns fast tofu, i tärningar
- 5 baby bok choy, hackad
- $\frac{1}{4}$ kopp skivad grön lök

Vägbeskrivning

a) Värm sesamoljan och rapsoljan i en stor kastrull eller holländsk ugn på medelvärme. Tillsätt vitlök och ingefära och koka, rör om ofta, tills det doftar, 1 till 2 minuter. Rör ner fond, kombu och misopasta och låt koka upp. Täck över, minska värmen och låt sjuda i 10 minuter. Rör ner svampen och koka tills de är mjuka, ca 5 minuter.

b) Rör ner tofun och bok choy och koka tills tofun är genomvärmd och bok choy är precis mjuk, cirka 2 minuter. Rör ner salladslöken. Servera omedelbart.

c) Eller, för att förbereda i förväg, låt fonden svalna helt i slutet av steg 1. Rör sedan ner tofun, bok choy och salladslöken. Fördela i lufttäta behållare, täck över och ställ i kylen i upp till 3 dagar. För att värma upp, placera i mikrovågsugnen i 30-sekunders intervall tills den är genomvärmd.

67. Fylld sötpotatis

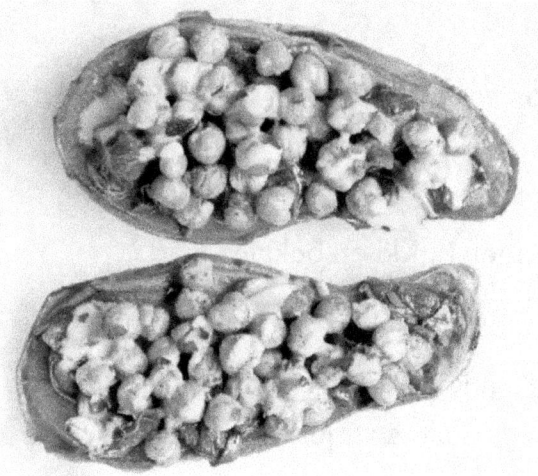

AVKASTNING: 4 PORTER

Ingredienser

- 4 medelstora sötpotatisar

Vägbeskrivning

a) Värm ugnen till 400 grader F. Klä en bakplåt med bakplåtspapper eller aluminiumfolie.

b) Lägg sötpotatisen i ett enda lager på den förberedda bakplåten. Grädda tills gaffeln är mjuk, ca 1 timme och 10 minuter.

c) Låt vila tills den är tillräckligt kall för att hantera.

68. Koreansk kyckling fylld potatis

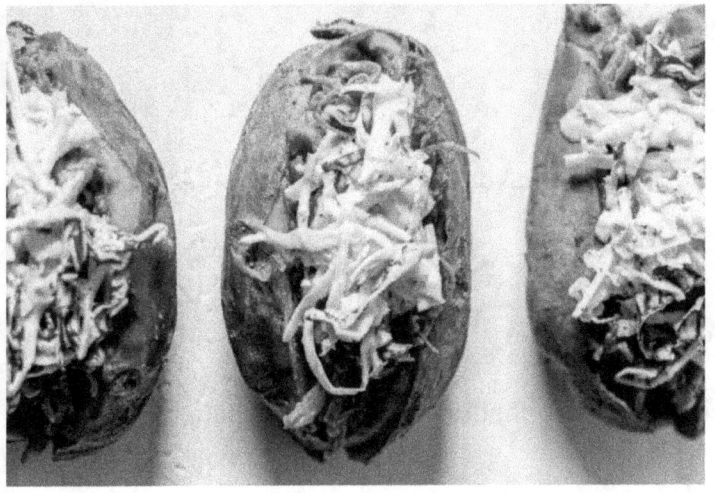

Ingredienser

- ½ kopp kryddad risvinäger
- 1 matsked socker
- Kosher salt och nymalen svartpeppar, efter smak
- 1 dl tändsticksmorötter
- 1 stor schalottenlök, skivad
- ¼ tesked krossade rödpepparflingor
- 2 tsk sesamolja
- 1 (10-ounce) förpackning färsk spenat
- 2 vitlöksklyftor, hackade
- 4 rostade sötpotatisar (här)
- 2 koppar kryddig koreansk sesamkyckling (här)

Vägbeskrivning

a) I en liten kastrull, kombinera vinäger, socker, 1 tsk salt och $\frac{1}{4}$ kopp vatten. Koka upp på medelvärme. Rör ner morötter, schalottenlök och röd paprikaflingor. Ta av från värmen och låt stå i 30 minuter.

b) Värm sesamoljan i en stor stekpanna på medelvärme. Rör ner spenaten och vitlöken och koka tills spenaten har vissnat, 2 till 4 minuter. Krydda med salt och peppar efter smak.

c) Halvera potatisen på längden och smaka av med salt och peppar. Toppa med kyckling, morotsblandning och spenat.

d) Dela sötpotatisen i måltidsförberedande behållare. Kyl i upp till 3 dagar. Värm i mikrovågsugnen i 30 sekunders intervall tills den är genomvärmd.

69. Grönkål och röd paprika fylld potatis

Ingredienser

- 1 msk olivolja
- 2 vitlöksklyftor, hackade
- 1 söt lök, tärnad
- 1 tsk rökt paprika
- 1 röd paprika, tunt skivad
- 1 knippe grönkål, stjälkar borttagna och löv hackade
- Kosher salt och nymalen svartpeppar, efter smak
- 4 rostade sötpotatisar
- ½ kopp smulad fetaost med reducerad fetthalt

Vägbeskrivning

a) Hetta upp olivoljan i en stor stekpanna på medelvärme. Tillsätt vitlöken och löken och koka, rör om ofta, tills löken är genomskinlig, 2 till 3 minuter. Rör ner paprikan och koka tills den doftar, cirka 30 sekunder.

b) Rör ner paprikan och koka tills den är knaprig, cirka 2 minuter. Rör ner grönkålen, en handfull i taget, och koka tills den är ljusgrön och precis vissnat, 3 till 4 minuter.

c) Halvera potatisen och smaka av med salt och peppar. Toppa med grönkålsblandningen och fetaosten.

d) Dela sötpotatisen i måltidsförberedande behållare.

70.Senap Kyckling fylld potatis

Ingredienser

- 1 msk olivolja
- 2 koppar skurna färska gröna bönor
- 1 ½ dl kvarterade cremini-svampar
- 1 schalottenlök, finhackad
- 1 vitlöksklyfta, finhackad
- 2 msk hackad färsk bladpersilja
- Kosher salt och nymalen svartpeppar, efter smak
- 4 rostade sötpotatisar (här)
- 2 koppar honungssenapskyckling (här)

Vägbeskrivning

a) Hetta upp olivoljan i en stor stekpanna på medelvärme. Tillsätt haricots verts, svamp och schalottenlök och koka, rör om ofta, tills haricots verts är knapriga, 5 till 6 minuter. Rör ner vitlök och persilja och koka tills det doftar, ca 1 minut. Krydda med salt och peppar efter smak.

b) Halvera potatisen på längden och smaka av med salt och peppar. Toppa med gröna bönblandningen och kyckling.

c) Dela sötpotatisen i måltidsförberedande behållare. Kyl i upp till 3 dagar. Värm i mikrovågsugnen i 30 sekunders intervall tills den är genomvärmd.

71. Svarta bönor och Pico de Gallo fyllda potatisar

Ingredienser

Svarta bönor

- 1 msk olivolja
- ½ söt lök, tärnad
- 1 vitlöksklyfta, finhackad
- 1 tsk chilipulver
- ½ tsk malen spiskummin
- 1 (15,5-ounce) burk svarta bönor, sköljda och avrunna
- 1 tsk äppelcidervinäger
- Kosher salt och nymalen svartpeppar, efter smak

Pico de gallo

- 2 plommontomater, tärnade
- ½ söt lök, tärnad
- 1 jalapeño, kärnad och finhackad
- 3 msk hackade färska korianderblad
- 1 msk färskpressad limejuice
- Kosher salt och nymalen svartpeppar, efter smak

- 4 rostade sötpotatisar (här)
- 1 avokado, halverad, urkärnad, skalad och tärnad
- ¼ kopp lätt gräddfil

Vägbeskrivning

a) FÖR BÖNOR: Värm olivoljan i en medelstor kastrull på medelvärme. Tillsätt löken och koka, rör om ofta, tills den är genomskinlig, 2 till 3 minuter. Rör ner vitlök, chilipulver och spiskummin och koka tills det doftar, cirka 1 minut.

b) Rör ner bönorna och ⅔ kopp vatten. Koka upp, sänk värmen och koka tills det minskat, 10 till 15 minuter. Använd en potatisstöt och mosa bönorna tills den är slät och önskad konsistens. Rör ner vinägern och smaka av med salt och peppar.

c) FÖR PICO DE GALLO: Kombinera tomater, lök, jalapeño, koriander och limejuice i en medelstor skål. Krydda med salt och peppar efter smak.

d) Halvera potatisen på längden och smaka av med salt och peppar. Toppa med svarta bönblandningen och pico de gallo.

e) Dela sötpotatisen i måltidsförberedande behållare. Kyl i upp till 3 dagar. Värm i mikrovågsugnen i 30 sekunders intervall tills den är genomvärmd.

72. Zucchininudlar med kalkonköttbullar

Ingredienser

- 1-pund mald kalkon
- ⅓ kopp panko
- 3 msk nyriven parmesan
- 2 stora äggulor
- ¾ tesked torkad oregano
- ¾ tesked torkad basilika
- ½ tesked torkad persilja
- ¼ tesked vitlökspulver
- ¼ tesked krossade rödpepparflingor
- Kosher salt och nymalen svartpeppar, efter smak
- 2 pund (3 medium) zucchini, spiraliserade
- 2 tsk kosher salt
- 2 dl marinarasås (hemgjord eller köpt i butik)
- ¼ kopp nyriven parmesanost

Vägbeskrivning

a) Värm ugnen till 400 grader F. Olja lätt en 9x13-tums ugnsform eller belägg med nonstick-spray.

b) I en stor skål, kombinera den malda kalkonen, panko, parmesan, äggulor, oregano, basilika, persilja, vitlökspulver och rödpepparflingor; krydda med salt och peppar. Använd en träslev eller rena händer och blanda tills det är väl blandat. Rulla blandningen till 16 till 20 köttbullar, var och en 1 till 1 $\frac{1}{2}$ tum i diameter.

c) Lägg köttbullarna i den förberedda ugnsformen och grädda i 15 till 18 minuter, tills de fått färg överallt och genomstekt; avsätta.

d) Lägg zucchinin i ett durkslag över diskbänken. Tillsätt saltet och blanda försiktigt för att kombinera; låt sitta i 10 minuter. Koka zucchinin i en stor kastrull med kokande vatten i 30 sekunder till 1 minut; dränera väl.

e) Dela zucchinin i måltidsförberedande behållare. Toppa med köttbullar, marinarasås och parmesan. Håller sig övertäckt i kylen i 3 till 4 dagar. Värm upp i mikrovågsugnen utan lock i 30 sekunders intervall tills den är genomvärmd.

73. Enkla köttbullar

Ger ca 18 köttbullar

Ingredienser

- 20 oz. (600g) extra magert kalkonbröst
- ½ kopp (40 g) havremjöl
- 1 ägg
- 2 koppar (80 g) spenat, hackad (valfritt)
- 1 tsk vitlökspulver
- ¾ tesked salt
- ½ tsk peppar

Vägbeskrivning

a) Värm ugnen till 350F (180C).

b) Blanda alla ingredienser i en skål.

c) Rulla köttet till golfbollstora köttbullar och överför till en sprayad 9x13" (30x20cm) ugnsform.

d) Grädda i 15 minuter.

74. 3-ingrediens soppa

Ger 8 portioner

Ingredienser

- 2 15 oz. (425g vardera) burkar bönor (jag använder en burk svarta bönor och en burk vita bönor), avrunna/sköljda

- 1 15 oz. (425g) burk tärnade tomater

- 1 kopp (235 ml) kyckling-/grönsaksbuljong salt och peppar efter smak

Vägbeskrivning

a) Blanda alla ingredienser i en kastrull på medelhög värme. Låt det koka upp.

b) När det kokar, täck och låt sjuda i 25 minuter.

c) Använd din stavmixer (eller överför till en vanlig mixer/processor i omgångar) för att puréa soppan till önskad konsistens.

d) Servera varm med grekisk yoghurt som gräddfilsersättning, cheddarost med låg fetthalt och salladslök!

e) Håller upp till 5 dagar i kylen.

75. Slow Cooker Salsa Turkiet

Ger 6 portioner

Ingredienser

- 20 oz. (600g) extra magert kalkonbröst
- 1 15,5 oz. burk (440g) salsa
- salt och peppar efter smak (valfritt)

Vägbeskrivning

a) Lägg till din malda kalkon och salsa i din slow cooker.

b) Sänk värmen till låg. Låt koka i 6-8 timmar, långsamt och lågt. Rör om en eller två gånger under hela tillagningstiden. (Koka på hög i 4 timmar om du är i tidsnöd).

c) Servera med ytterligare kall salsa, grekisk yoghurt som ersättning för gräddfil, ost eller salladslök!

d) Håller 5 dagar i kylen, eller 3-4 månader i frysen.

76. Burrito-Bowl-In-A-Jar

Ger 1 burk

Ingredienser

- 2 matskedar salsa

- ¼ kopp (40g) bönor/bönsalsa ⅓ kopp (60g) kokt ris/quinoa

- 3 oz. (85 g) tillagad extra mager mald kalkon, kyckling eller valfritt protein

- 2 matskedar cheddarost med låg fetthalt

- 1 ½ koppar (60 g) sallad/grönt

- 1 msk grekisk yoghurt ("gräddfil")

- ¼ avokado

Vägbeskrivning

a) Häll alla dina ingredienser i burken.

b) Förvara för att äta vid ett senare tillfälle.

c) När du är redo att äta, häll burken på en tallrik eller skål för att blanda ihop och sluka!

d) Håller 4-5 dagar i kylen.

KALL LUNCH

77. Carnitas måltidsskålar

Ingredienser

- 2 ½ tsk chilipulver
- 1 ½ tsk mald spiskummin
- 1 ½ tsk torkad oregano
- 1 tsk kosher salt, eller mer efter smak
- ½ tesked mald svartpeppar, eller mer efter smak
- 1 (3-pund) fläskkarré, överflödigt fett trimmat
- 4 vitlöksklyftor, skalade
- 1 lök, skuren i klyftor
- Saft av 2 apelsiner
- Saften av 2 limefrukter
- 8 dl strimlad grönkål
- 4 plommontomater, hackade
- 2 (15-ounce) burkar svarta bönor, avrunna och sköljda
- 4 koppar majskärnor (frysta, konserverade eller rostade)
- 2 avokado, halverade, urkärnade, skalade och tärnade
- 2 limefrukter, skurna i klyftor

Vägbeskrivning

a) I en liten skål, kombinera chilipulver, spiskummin, oregano, salt och peppar. Krydda fläsket med kryddblandningen, gnid in ordentligt på alla sidor.

b) Lägg fläsk, vitlök, lök, apelsinjuice och limejuice i en långsam spis. Täck över och koka på låg i 8 timmar, eller på hög i 4 till 5 timmar.

c) Ta bort fläsket från spisen och strimla köttet. Lägg tillbaka den i grytan och blanda med juicen; smaka av med salt och peppar om det behövs. Täck över och håll varmt i ytterligare 30 minuter.

d) Placera fläsk, grönkål, tomater, svarta bönor och majs i måltidsförberedande behållare. Håller sig övertäckt i kylen i 3 till 4 dagar. Servera med avokado och limeklyftor.

78. Chicago korvsallad

Ingredienser

- 2 matskedar extra virgin olivolja
- 1 ½ msk gul senap
- 1 msk rödvinsvinäger
- 2 tsk vallmofrön
- ½ tsk sellerisalt
- Nypa socker
- Kosher salt och nymalen svartpeppar, efter smak
- 1 kopp quinoa
- 4 kalkonkorv med låg fetthalt
- 3 dl strimlad baby grönkål
- 1 dl halverade körsbärstomater
- ⅓ kopp tärnad vitlök
- ¼ kopp sportpeppar
- 8 st dillgurka spjut

Vägbeskrivning

a) ATT GÖRA VINAIGRETEN: Vispa ihop olivolja, senap, vinäger, vallmofrön, sellerisalt och socker i en medelstor skål. Krydda med salt och peppar efter smak. Täck och ställ i kylen i 3 till 4 dagar.

b) Koka quinoan enligt förpackningens instruktioner i en stor kastrull med 2 dl vatten; avsätta.

c) Värm och grilla till medelhög. Lägg till korven på grillen och koka tills de är gyllenbruna och lätt förkolnade på alla sidor, 4 till 5 minuter. Låt svalna och skär i lagom stora bitar.

d) Dela quinoa, korv, tomater, lök och paprika i måltidsförberedande behållare. Förvaras i kyl 3 till 4 dagar.

e) För att servera, häll dressingen ovanpå salladen och blanda försiktigt för att kombinera. Servera omedelbart, garnerad med pickle spears, om så önskas.

79. Fisktacoskålar

Ingredienser

Koriander lime dressing

- 1 kopp löst packad koriander, stjälkarna borttagna
- $\frac{1}{2}$ kopp grekisk yoghurt
- 2 vitlöksklyftor,
- Saft av 1 lime
- Nypa koshersalt
- $\frac{1}{4}$ kopp extra virgin olivolja
- 2 msk äppelcidervinäger

Tilapia

- 3 matskedar osaltat smör, smält
- 3 vitlöksklyftor, hackade
- Rivet skal av 1 lime
- 2 msk färskpressad limejuice, eller mer efter smak
- 4 (4-ounce) tilapiafiléer
- Kosher salt och nymalen svartpeppar, efter smak
- ⅔ kopp quinoa

- 2 dl strimlad grönkål
- 1 dl strimlad rödkål
- 1 kopp majskärnor (konserverade eller rostade)
- 2 plommontomater, tärnade
- ¼ kopp krossade tortillachips
- 2 msk hackade färska korianderblad

Vägbeskrivning

a) FÖR DRESSINGEN: Kombinera koriander, yoghurt, vitlök, limejuice och salt i skålen på en matberedare. Med motorn igång, tillsätt olivolja och vinäger i en långsam ström tills emulgerat. Täck och ställ i kylen i 3 till 4 dagar.

b) FÖR TILAPIA: Värm ugnen till 425 grader F. Olja lätt en 9x13-tums ugnsform eller bestryk med nonstick-spray.

c) I en liten skål, vispa ihop smör, vitlök, limeskal och limejuice. Krydda tilapiaen med salt och peppar och lägg i den förberedda ugnsformen. Ringla över smörblandningen.

d) Grädda tills fisken lätt flagnar med en gaffel, 10 till 12 minuter.

e) Koka quinoan enligt anvisningarna på förpackningen i en stor kastrull med 2 dl vatten. Flyg coolt.

f) Dela quinoan i måltidsförberedande behållare. Toppa med tilapia, grönkål, kål, majs, tomater och tortillachips.

g) För att servera, ringla över korianderlimedressing, garnerad med koriander, om så önskas.

80. Skörda cobb sallad

Ingredienser

Vallmofröndressing

- ¼ kopp 2% mjölk
- 3 matskedar olivolja majonnäs
- 2 msk grekisk yoghurt
- 1 ½ msk socker, eller mer efter smak
- 1 msk äppelcidervinäger
- 1 msk vallmofrön
- 2 matskedar olivolja

Sallad

- 16 ounces butternut squash, skuren i 1-tums bitar
- 16 uns brysselkål, halverad
- 2 kvistar färsk timjan
- 5 färska salviablad
- Kosher salt och nymalen svartpeppar, efter smak
- 4 medelstora ägg
- 4 skivor bacon, i tärningar

- 8 dl strimlad grönkål
- 1 ⅓ koppar kokt vildris

Vägbeskrivning

a) FÖR DRESSINGEN: Vispa ihop mjölk, majonnäs, yoghurt, socker, vinäger och vallmofrön i en liten skål. Täck över och ställ i kylen i upp till 3 dagar.

b) Värm ugnen till 400 grader F. Olja lätt en bakplåt eller täck med nonstick-spray.

c) Lägg squashen och brysselkålen på den förberedda bakplåten. Tillsätt olivolja, timjan och salvia och blanda försiktigt för att kombinera; krydda med salt och peppar. Lägg i ett jämnt lager och grädda, vänd en gång, i 25 till 30 minuter, tills de är mjuka; avsätta.

d) Placera under tiden äggen i en stor kastrull och täck med kallt vatten med 1 tum. Koka upp och koka i 1 minut. Täck grytan med ett tättslutande lock och ta bort från värmen; låt sitta i 8 till 10 minuter. Låt rinna av väl och låt svalna innan du skalar och skivar.

e) Värm en stor stekpanna över medelhög värme. Tillsätt baconet och koka tills det är brunt och knaprigt, 6 till 8 minuter; dränera överflödigt fett. Överför till en tallrik med hushållspapper; avsätta.

f) För att montera salladerna, placera grönkålen i måltidsförberedande behållare; arrangera rader med squash, brysselkål, bacon, ägg och vildris ovanpå. Håller sig övertäckt i kylen i 3 till 4 dagar. Servera med vallmofröndressingen.

81. Buffalo blomkål cobb sallad

Ingredienser
- 3-4 dl blomkålsbuketter
- 1 15 oz. kan kikärter, avrunna, sköljda och torkade
- 2 tsk avokadoolja
- ½ tsk peppar
- ½ tsk havssalt
- ½ kopp buffalo wing sås
- 4 koppar färsk romaine, hackad
- ½ kopp selleri, hackad
- ¼ kopp rödlök, skivad
- Krämig Vegan Ranch Dressing:
- ½ kopp råa cashewnötter, blötlagda 3-4 timmar eller över natten
- ½ kopp färskt vatten
- 2 tsk torkad dill
- 1 tsk vitlökspulver
- 1 tsk lökpulver
- ½ tsk havssalt
- nypa svartpeppar

Vägbeskrivning

a) Sätt ugnen på 450°F.
b) Tillsätt blomkål, kikärter, olja, peppar och salt i en stor skål och rör om.
c) Häll blandningen på en plåt eller sten. Rosta i 20 minuter. Ta bort bakplåten från ugnen, häll buffelsås över blandningen och rör om. Rosta i ytterligare 10-15 minuter eller tills kikärtorna är krispiga och blomkålen rostas efter eget tycke. Ta bort från ugnen.
d) Tillsätt blötlagda och avrunna cashewnötter i en kraftfull mixer eller matberedare med 1/2 kopp vatten, dill, vitlökspulver, lökpulver, salt och peppar. Mixa tills det är slätt.
e) Ta två salladsskålar och tillsätt 2 koppar hackad romaine, 1/4 kopp selleri och 1/8 kopp lök i varje skål. Toppa med rostad buffelblomkål och kikärter. Ringla på dressing och njut!

82. Mason burk betor och brysselkål korn skålar

Ingredienser

- 3 medelstora rödbetor (ca 1 pund)
- 1 msk olivolja
- Kosher salt och nymalen svartpeppar, efter smak
- 1 kopp farro
- 4 dl babyspenat eller grönkål
- 2 koppar brysselkål (ca 8 uns), tunt skivad
- 3 klementiner, skalade och segmenterade
- $\frac{1}{2}$ kopp pekannötter, rostade
- $\frac{1}{2}$ kopp granatäpplekärnor

Honung-Dijon rödvinsvinägrett

- $\frac{1}{4}$ kopp extra virgin olivolja
- 2 msk rödvinsvinäger
- $\frac{1}{2}$ schalottenlök, finhackad
- 1 matsked honung
- 2 tsk fullkornssenap
- Kosher salt och nymalen svartpeppar, efter smak

Vägbeskrivning

a) Värm ugnen till 400 grader F. Klä en bakplåt med folie.

b) Lägg rödbetorna på folien, ringla över olivolja och smaka av med salt och peppar. Vik upp alla fyra sidorna av folien för att göra en påse. Grädda tills gaffeln är mjuk, 35 till 45 minuter; låt svalna, ca 30 minuter.

c) Använd en ren pappershandduk och gnugga rödbetorna för att ta bort skalet; tärna i lagom stora bitar.

d) Koka farron enligt anvisningarna på förpackningen och låt sedan svalna.

e) Dela rödbetorna i 4 (32-ounce) glasburkar med bred mun med lock. Toppa med spenat eller grönkål, farro, brysselkål, clementiner, pekannötter och granatäpplekärnor. Håller sig övertäckt i kylen i 3 eller 4 dagar.

f) FÖR VINAIGRETEN: Vispa ihop olivolja, vinäger, schalottenlök, honung, senap och 1 msk vatten; smaka av med salt och peppar. Täck över och ställ i kylen i upp till 3 dagar.

g) För att servera, tillsätt vinägretten i varje burk och skaka. Servera omedelbart.

83. Mason burk broccolisallad

Ingredienser

- 3 matskedar 2% mjölk
- 2 msk olivolja majonnäs
- 2 msk grekisk yoghurt
- 1 msk socker, eller mer efter smak
- 2 tsk äppelcidervinäger
- ½ kopp cashewnötter
- ¼ kopp torkade tranbär
- ½ kopp tärnad rödlök
- 2 uns cheddarost, tärnad
- 5 dl grovt hackade broccolibuktor

Vägbeskrivning

a) FÖR DRESSINGEN: Vispa ihop mjölk, majonnäs, yoghurt, socker och vinäger i en liten skål.

b) Dela dressingen i 4 (16-ounce) glasburkar med bred mun och lock. Toppa med cashewnötter, tranbär, lök, ost och broccoli. Kyl i upp till 3 dagar.

c) För att servera, skaka innehållet i en burk och servera omedelbart.

84. Mason burk kycklingsallad

Ingredienser

- 2 ½ koppar överbliven strimlad rotisserie kyckling
- ½ kopp grekisk yoghurt
- 2 msk olivolja majonnäs
- ¼ kopp tärnad rödlök
- 1 stjälk selleri, tärnad
- 1 msk färskpressad citronsaft, eller mer efter smak
- 1 tsk hackad färsk dragon
- ½ tsk dijonsenap
- ½ tsk vitlökspulver
- Kosher salt och nymalen svartpeppar, efter smak
- 4 dl strimlad grönkål
- 2 Granny Smith-äpplen, kärnade ur och hackade
- ½ kopp cashewnötter
- ½ kopp torkade tranbär

Vägbeskrivning

a) I en stor skål, kombinera kyckling, yoghurt, majonnäs, rödlök, selleri, citronsaft, dragon, senap och vitlökspulver; smaka av med salt och peppar.

b) Dela kycklingblandningen i 4 (24-ounce) glasburkar med bred mun med lock. Toppa med grönkål, äpplen, cashewnötter och tranbär. Kyl i upp till 3 dagar.

c) För att servera, skaka innehållet i en burk och servera omedelbart.

85. Mason burk kinesisk kycklingsallad

Ingredienser

- ½ kopp risvinäger
- 2 vitlöksklyftor, pressade
- 1 msk sesamolja
- 1 msk nyriven ingefära
- 2 tsk socker, eller mer efter smak
- ½ tesked sojasås med reducerad natrium
- 2 salladslökar, tunt skivade
- 1 tsk sesamfrön
- 2 morötter, skalade och rivna
- 2 koppar tärnad engelsk gurka
- 2 koppar strimlad lilakål
- 12 dl hackad grönkål
- 1 ½ dl överbliven tärnad rotisserie kyckling
- 1 kopp wonton remsor

Vägbeskrivning

a) FÖR VINAIGRETEN: Vispa ihop vinäger, vitlök, sesamolja, ingefära, socker och sojasås i en liten skål. Dela dressingen i 4 (32-ounce) glasburkar med bred mun och lock.

b) Toppa med salladslök, sesamfrön, morötter, gurka, kål, grönkål och kyckling. Kyl i upp till 3 dagar. Förvara wontonremsorna separat.

c) För att servera, skaka innehållet i en burk och tillsätt wonton-remsorna. Servera omedelbart.

86. Mason burk niçoise sallad

Ingredienser

- 2 medelstora ägg
- 2 ½ koppar halverade gröna bönor
- 3 (7-ounce) burkar albacore tonfisk packade i vatten, avrunna och sköljda
- ¼ kopp extra virgin olivolja
- 2 msk rödvinsvinäger
- 2 msk tärnad rödlök
- 2 msk hackad färsk bladpersilja
- 1 msk hackade färska dragonblad
- 1 ½ tsk dijonsenap
- Kosher salt och nymalen svartpeppar, efter smak
- 1 dl halverade körsbärstomater
- 4 dl riven smörsallat
- 3 dl ruccolablad
- 12 Kalamata oliver
- 1 citron, skuren i klyftor (valfritt)

Vägbeskrivning

a) Lägg äggen i en stor kastrull och täck med kallt vatten med 1 tum. Koka upp och koka i 1 minut. Täck grytan med ett tättslutande lock och ta bort från värmen; låt sitta i 8 till 10 minuter.

b) Under tiden, i en stor kastrull med kokande saltat vatten, blanchera de gröna bönorna tills de är klargröna, cirka 2 minuter. Låt rinna av och svalna i en skål med isvatten. Dränera väl. Häll av äggen och låt svalna innan du skalar och skär äggen på mitten på längden.

c) I en stor skål, kombinera tonfisk, olivolja, vinäger, lök, persilja, dragon och Dijon tills precis kombinerat; smaka av med salt och peppar.

d) Dela tonfiskblandningen i 4 (32-ounce) glasburkar med bred mun med lock. Toppa med gröna bönor, ägg, tomater, smörsallat, ruccola och oliver. Kyl i upp till 3 dagar.

e) För att servera, skaka innehållet i en burk. Servera omedelbart, med citronklyftor om så önskas.

87. Kryddiga tonfiskskålar

Ingredienser

- 1 kopp långkornigt brunt ris
- 3 matskedar olivolja majonnäs
- 3 matskedar grekisk yoghurt
- 1 msk srirachasås, eller mer efter smak
- 1 msk limejuice
- 2 teskedar sojasås med reducerad natrium
- 2 (5-ounce) burkar albacore tonfisk, avrunna och sköljda
- Kosher salt och nymalen svartpeppar, efter smak
- 2 dl strimlad grönkål
- 1 msk rostade sesamfrön
- 2 tsk rostad sesamolja
- 1 ½ dl tärnad engelsk gurka
- ½ kopp inlagd ingefära
- 3 salladslökar, tunt skivade
- ½ kopp strimlad rostad nori

Vägbeskrivning

a) Koka riset enligt anvisningarna på förpackningen i 2 dl vatten i en medelstor kastrull; avsätta.

b) I en liten skål, vispa ihop majonnäs, yoghurt, sriracha, limejuice och sojasås. Häll 2 matskedar av majonnäsblandningen i en andra skål, täck över och ställ i kylen. Rör ner tonfisken i den återstående majonnäsblandningen och blanda försiktigt för att kombinera; smaka av med salt och peppar.

c) I en medelstor skål, kombinera grönkål, sesamfrön och sesamolja; smaka av med salt och peppar.

d) Dela riset i måltidsförberedande behållare. Toppa med tonfiskblandning, grönkålsblandning, gurka, ingefära, salladslök och nori. Kyl i upp till 3 dagar.

e) För att servera, ringla över majonnäsblandningen.

88. Steak cobb sallad

Balsamvinägrett

- 3 matskedar extra virgin olivolja
- 4 ½ tsk balsamvinäger
- 1 vitlöksklyfta, pressad
- 1 ½ tsk torkade persiljeflingor
- ¼ tesked torkad basilika
- ¼ tesked torkad oregano

Sallad

- 4 medelstora ägg
- 1 msk osaltat smör
- 12 uns biff
- 2 tsk olivolja
- Kosher salt och nymalen svartpeppar, efter smak
- 8 dl babyspenat
- 2 dl körsbärstomater, halverade
- ½ kopp pekannötshalvor
- ½ kopp smulad fetaost med reducerad fetthalt

Vägbeskrivning

a) FÖR BALSAMISK VINAIGRETTEN: Vispa ihop olivolja, balsamvinäger, socker, vitlök, persilja, basilika, oregano och senap (om du använder) i en medelstor skål. Täck över och ställ i kylen i upp till 3 dagar.

b) Lägg äggen i en stor kastrull och täck med kallt vatten med 1 tum. Koka upp och koka i 1 minut. Täck grytan med ett tättslutande lock och ta bort från värmen; låt sitta i 8 till 10 minuter. Låt rinna av väl och låt svalna innan du skalar och skivar.

c) Smält smöret i en stor stekpanna på medelhög värme. Använd hushållspapper och klappa båda sidorna av steken torr. Ringla över olivolja och smaka av med salt och peppar. Lägg till steken i stekpannan och koka, vänd en gång, tills den är genomstekt till önskad form, 3 till 4 minuter per sida för medium-rare. Låt vila 10 minuter innan du skär i lagom stora bitar.

d) För att montera sallader, placera spenat i måltid prep behållare; toppa med ordnade rader av biff, ägg, tomater, pekannötter och fetaost. Täck över och ställ i kylen i upp till 3 dagar. Servera med balsamvinägretten eller önskad dressing.

89. Sötpotatis närande skålar

Ingredienser

- 2 medelstora sötpotatisar, skalade och skurna i 1-tums bitar
- 3 matskedar extra virgin olivolja, delad
- ½ tsk rökt paprika
- Kosher salt och nymalen svartpeppar, efter smak
- 1 kopp farro
- 1 knippe lacinato grönkål, strimlad
- 1 msk färskpressad citronsaft
- 1 dl strimlad rödkål
- 1 dl halverade körsbärstomater
- ¾ kopp Crispy Garbanzo Beans
- 2 avokado, halverade, urkärnade och skalade

Vägbeskrivning

a) Värm ugnen till 400 grader F. Klä en plåt med bakplåtspapper.

b) Lägg sötpotatisen på den förberedda bakplåten. Tillsätt 1 ½ msk av olivoljan och paprikan, smaka av med salt och peppar och blanda försiktigt. Ordna i ett enda lager och grädda i 20 till 25 minuter, vänd en gång, tills det är lätt att genomborra med en gaffel.

c) Koka farron enligt anvisningarna på förpackningen; avsätta.

d) Kombinera grönkålen, citronsaften och de återstående 1 ½ msk olivolja i en medelstor skål. Massera grönkålen tills den är väl blandad och smaka av med salt och peppar.

e) Dela farro i måltidsförberedande behållare. Toppa med sötpotatis, kål, tomater och krispiga garbanzos. Kyl i upp till 3 dagar. Servera med avokadon.

90. Thai kyckling buddha skålar

Ingredienser

Kryddig jordnötssås

- 3 msk krämigt jordnötssmör
- 2 msk färskpressad limejuice
- 1 matsked sojasås med reducerad natrium
- 2 tsk mörkt farinsocker
- 2 tsk sambal oelek (malen färsk chilipasta)

Sallad

- 1 kopp farro
- ¼ kopp kycklingfond
- 1 ½ msk sambal oelek (malen färsk chilipasta)
- 1 msk ljust farinsocker
- 1 msk färskpressad limejuice
- 1 pund benfria, skinnfria kycklingbröst, skurna i 1-tums bitar
- 1 msk majsstärkelse
- 1 msk fisksås
- 1 msk olivolja

- 2 vitlöksklyftor, hackade
- 1 schalottenlök, finhackad
- 1 msk nyriven ingefära
- Kosher salt och nymalen svartpeppar, efter smak
- 2 dl strimlad grönkål
- 1 ½ dl strimlad lilakål
- 1 kopp böngroddar
- 2 morötter, skalade och rivna
- ½ kopp färska korianderblad
- ¼ kopp rostade jordnötter

Vägbeskrivning

a) FÖR JORDNÖTSSÅSEN: Vispa ihop jordnötssmör, limejuice, sojasås, farinsocker, sambal oelek och 2 till 3 matskedar vatten i en liten skål. Täck över och ställ i kylen i upp till 3 dagar.

b) Koka farron enligt anvisningarna på förpackningen; avsätta.

c) Medan farro kokar, i en liten skål, vispa ihop fond, sambal oelek, farinsocker och limejuice; avsätta.

d) Kombinera kycklingen, majsstärkelsen och fisksåsen i en stor skål, rör om och låt kycklingen absorbera majsstärkelsen i några minuter.

e) Hetta upp olivoljan i en stor stekpanna på medelvärme. Tillsätt kycklingen och koka tills den är gyllene, 3 till 5 minuter. Tillsätt vitlök, schalottenlök och ingefära och fortsätt koka, rör om ofta, tills det doftar, cirka 2 minuter. Rör ner fondblandningen och koka tills den tjocknat något, ca 1 minut. Krydda med salt och peppar efter smak.

f) Dela farron i måltidsförberedande behållare. Toppa med kyckling, grönkål, kål, böngroddar, morötter, koriander och jordnötter. Håller sig övertäckt i kylen i 3 till 4 dagar. Servera med den kryddiga jordnötssåsen.

91. Thailändska jordnötskycklingwraps

Ingredienser

Kokos curry jordnötssås

- ¼ kopp lätt kokosmjölk
- 3 msk krämigt jordnötssmör
- 1 ½ msk kryddad risvinäger
- 1 matsked sojasås med reducerad natrium
- 2 tsk mörkt farinsocker
- 1 tsk chili vitlökssås
- ¼ tesked gult currypulver

Slå in

- 2 ½ koppar överbliven tärnad rotisserie kyckling
- 2 dl strimlad napakål
- 1 kopp tunt skivad röd paprika
- 2 morötter, skalade och skurna i tändstickor
- 1 ½ msk färskpressad limejuice
- 1 msk olivolja majonnäs
- Kosher salt och nymalen svartpeppar, efter smak

- 3 uns gräddost med reducerad fetthalt, vid rumstemperatur
- 1 tsk nyriven ingefära
- 4 (8-tums) soltorkade tomattortilla wraps

Vägbeskrivning

a) FÖR KOKOSCURRYJORDNÖTSSÅSEN: Vispa ihop kokosmjölken, jordnötssmöret, risvinägern, sojasåsen, farinsockret, chilivitlökssåsen och currypulvret i en liten skål. Avsätt 3 matskedar till kycklingen; kyl resten tills den ska serveras.

b) Kombinera kycklingen och de 3 msk jordnötssås i en stor skål och rör tills den är täckt.

c) I en medelstor skål, kombinera kål, paprika, morötter, limejuice och majonnäs; smaka av med salt och peppar.

d) I en liten skål, kombinera färskost och ingefära; smaka av med salt och peppar.

e) Fördela färskostblandningen jämnt på tortillorna, lämna en 1-tums kant. Toppa med kycklingen och kålblandningen. Vik in sidorna med cirka 1 tum och rulla sedan ihop hårt från botten. Håller sig övertäckt i kylen i 3 till 4 dagar. Servera varje wrap med kokoscurryjordnötsås.

92. Kalkon spenat hjul

Ingredienser

- 1 skiva cheddarost
- 2 uns tunt skivat kalkonbröst
- $\frac{1}{2}$ kopp babyspenat
- 1 (8-tums) spenattortilla
- 6 babymorötter
- $\frac{1}{4}$ kopp druvor
- 5 gurkskivor

Vägbeskrivning

a) Placera osten, kalkonen och spenaten i mitten av tortillan. Lägg tortillans underkant tätt över spenaten och vik in sidorna. Rulla ihop tills toppen av tortillan nås. Skär i 6 pinwheel.

b) Placera pinwheels, morötter, vindruvor och gurkskivor i en måltidsförberedande behållare. Förvara täckt i kylen i 2 till 3 dagar.

93. Turkiet taco sallad

Ingredienser

- 1 msk olivolja
- 1 ½ pund mald kalkon
- 1 (1,25-ounce) paket tacokrydda
- 8 dl strimlad romainesallat
- ½ kopp pico de gallo (hemgjord eller köpt i butik)
- ½ kopp grekisk yoghurt
- ½ kopp strimlad mexikansk ostblandning
- 1 lime, skuren i klyftor

Vägbeskrivning

a) Hetta upp olivoljan i en stor stekpanna på medelhög värme. Tillsätt den malda kalkonen och koka tills den fått färg, 3 till 5 minuter, se till att smula köttet när det tillagas; rör ner tacokryddan. Tappa av överflödigt fett.

b) Lägg romansallaten i smörgåspåsar. Placera pico de gallo, yoghurt och ost i separata 2-ounce Jell-O-shot-koppar med lock. Lägg allt - kalkon, romaine, pico de gallo, yoghurt, ost och limeklyftor - i måltidsförberedande behållare.

94. Mycket grön mason jar sallad

Ingredienser

- ¾ kopp pärlkorn
- 1 dl färska basilikablad
- ¾ kopp 2% grekisk yoghurt
- 2 salladslökar, hackade
- 1 ½ msk färskpressad limejuice
- 1 vitlöksklyfta, skalad
- Kosher salt och nymalen svartpeppar, efter smak
- ½ engelsk gurka, grovt hackad
- 1 pund (4 små) zucchini, spiraliserade
- 4 dl strimlad grönkål
- 1 kopp frysta gröna ärtor, tinade
- ½ kopp smulad fetaost med reducerad fetthalt
- ½ kopp ärtskott
- 1 lime, skuren i klyftor (valfritt)

Vägbeskrivning

a) Koka kornet enligt anvisningarna på förpackningen; låt svalna helt och ställ åt sidan.

b) För att göra dressingen, kombinera basilika, yoghurt, salladslök, limejuice och vitlök i skålen på en matberedare och smaka av med salt och peppar. Pulsera tills den är slät, cirka 30 sekunder till 1 minut.

c) Dela dressingen i 4 (32-ounce) glasburkar med bred mun med lock. Toppa med gurka, zucchininudlar, korn, grönkål, ärtor, fetaost och ärtskott. Kyl i upp till 3 dagar.

d) För att servera skaka innehållet i en burk. Servera omedelbart, med limeklyftor, om så önskas.

95. Zucchini vårrullskålar

Ingredienser

- 3 msk krämigt jordnötssmör
- 2 msk färskpressad limejuice
- 1 matsked sojasås med reducerad natrium
- 2 tsk mörkt farinsocker
- 2 tsk sambal oelek (malen färsk chilipasta)
- 1-pund medelstora räkor, skalade och deveirade
- 4 medelstora zucchini, spiraliserade
- 2 stora morötter, skalade och rivna
- 2 koppar strimlad lilakål
- ⅓ kopp färska korianderblad
- ⅓ kopp basilikablad
- ¼ kopp myntablad
- ¼ kopp hackade rostade jordnötter

Vägbeskrivning

a) FÖR JORDNÖTSSÅSEN: Vispa ihop jordnötssmör, limejuice, sojasås, farinsocker, sambal oelek och 2 till 3 matskedar vatten i en liten skål. Kyl i upp till 3 dagar, tills den ska serveras.

b) Koka räkorna i en stor kastrull med kokande saltat vatten tills de är rosa, cirka 3 minuter. Låt rinna av och svalna i en skål med isvatten. Dränera väl.

c) Dela zucchini i måltidsförberedande behållare. Toppa med räkor, morötter, kål, koriander, basilika, mynta och jordnötter. Håller sig övertäckt i kylen i 3 till 4 dagar. Servera med den kryddiga jordnötssåsen.

FRYSMÅLTIDER

96. Butternut squashfritter

Ingredienser

- 4 dl strimlad butternut squash
- ⅓ kopp vitt fullkornsmjöl
- 2 vitlöksklyftor, hackade
- 2 stora ägg, vispade
- ½ tsk torkad timjan
- ¼ tesked torkad salvia
- Nypa muskotnöt
- Kosher salt och nymalen svartpeppar, efter smak
- 2 matskedar olivolja
- ¼ kopp grekisk yoghurt (valfritt)
- 2 msk hackad färsk gräslök (valfritt)

Vägbeskrivning

a) I en stor skål, kombinera squash, mjöl, vitlök, ägg, timjan, salvia och muskotnöt; krydda med salt och peppar.

b) Hetta upp olivoljan i en stor stekpanna på medelhög värme. I omgångar, ös upp cirka 2 matskedar smet för varje fritta, lägg i pannan och platta till med en spatel. Koka tills undersidan är fint gyllenbrun, ca 2 minuter. Vänd och tillaga på andra sidan, 1 till 2 minuter längre. Överför till en tallrik med hushållspapper.

c) Servera omedelbart, med grekisk yoghurt och gräslök om så önskas.

d) ATT FRYSAS: Lägg de kokta frittorna på en bakplåt i ett enda lager; täck tätt med plastfolie och frys in över natten. Överför till fryspåsar och förvara i frysen i upp till 3 månader. När du är redo att servera, baka vid 350 grader F i cirka 10 till 15 minuter, tills den är uppvärmd, vänd halvvägs. Överför till en tallrik med hushållspapper.

97. Morot ingefära soppa

Ingredienser

- 2 pund morötter, skalade och hackade
- 1 sötpotatis, skalad och hackad
- 1 söt lök, hackad
- 3 vitlöksklyftor
- 1 (¾-tum) bit färsk ingefära, skalad och skivad
- 1 tsk rökt paprika
- 2 lagerblad
- 6 dl grönsaksfond, plus mer om det behövs
- Kosher salt och nymalen svartpeppar, efter smak
- ⅓ kopp färska korianderblad
- ¼ kopp färska myntablad
- 2 msk färskpressad limejuice
- ⅓ kopp tung grädde
- ¼ tesked rökt paprika (valfritt)

Vägbeskrivning

a) Kombinera morötter, sötpotatis, lök, vitlök, ingefära, paprika, lagerblad och lager i en stor holländsk ugn; krydda med salt och peppar.

b) Låt det koka upp; sänk värmen och låt sjuda tills morötterna är mjuka, 25 till 30 minuter. Rör ner koriander, mynta och limejuice. Kasta lagerbladen.

c) Mosa med en stavmixer till önskad konsistens. Om soppan är för tjock, tillsätt mer fond efter behov.

d) Rör ner grädden och koka tills den är genomvärmd, ca 2 minuter. Servera omedelbart, garnerad med paprika om så önskas.

e) ATT FRYSAS: Uteslut grädden tills den ska serveras. Portionera den kylda soppan i ziplock-fryspåsar och lägg påsarna platt i ett enda lager i frysen. För att servera, tillsätt grädden och värm på låg värme, rör om då och då, tills den är genomvärmd.

98. Ostig kyckling och broccoli ris gryta

Ingredienser

- 1 (6-ounce) förpackning långkornig och vildrisblandning
- 3 matskedar osaltat smör
- 3 vitlöksklyftor, hackade
- 1 lök, tärnad
- 2 dl cremini-svamp, i fjärdedelar
- 1 stjälk selleri, tärnad
- ½ tsk torkad timjan
- 1 msk universalmjöl
- ¼ kopp torrt vitt vin
- 1 ¼ dl kycklingfond
- Kosher salt och nymalen svartpeppar, efter smak
- 3 dl broccolibuktor
- ½ kopp gräddfil
- 2 dl överbliven strimlad rotisseriekyckling
- 1 kopp strimlad cheddarost med reducerad fetthalt, delad
- 2 msk hackad färsk bladpersilja (valfritt)

Vägbeskrivning

a) Värm ugnen till 375 grader F.

b) Koka rismixen enligt anvisningarna på förpackningen; avsätta.

c) Smält smöret i en stor ugnssäker stekpanna på medelhög värme. Tillsätt vitlök, lök, champinjoner och selleri och koka, rör om då och då, tills de är mjuka, 3 till 4 minuter. Rör ner timjan och koka tills det doftar, ca 1 minut.

d) Vispa i mjölet tills det får färg, ca 1 minut. Vispa gradvis i vinet och fonden. Koka, vispa hela tiden, tills det tjocknat något, 2 till 3 minuter; smaka av med salt och peppar.

e) Rör ner broccolin, gräddfil, kycklingen, $\frac{1}{2}$ kopp av osten och riset. Om du fryser grytan för senare användning, sluta här och gå vidare till steg 7. Strö annars över den återstående $\frac{1}{2}$ kopp osten.

f) För över stekpannan till ugnen och grädda tills grytan är bubblig och genomvärmd, 20 till 22 minuter. Servera omedelbart, garnerad med persilja om så önskas.

g) Frysa.

99. Kyckling och quinoa tortillasoppa

Ingredienser

Bakade tortillastrimlor

- 4 majstortillas, skurna i tunna strimlor
- ½ tsk chilipulver eller mer efter smak
- Kosher salt och nymalen svartpeppar, efter smak
- 1 msk olivolja

Soppa

- 1 pund benfria, skinnfria kycklingbröst
- Kosher salt och nymalen svartpeppar, efter smak
- 3 vitlöksklyftor, hackade
- 1 lök, tärnad
- 1 grön paprika, tärnad
- 2 msk tomatpuré
- 1 msk chilipulver
- 1 ½ tsk mald spiskummin
- 1 tsk torkad oregano
- 8 dl kycklingfond

- 1 (28-ounce) burk tärnade tomater

- 1 (15-ounce) burk svarta bönor, avrunna och sköljda

- 1 ½ dl majskärnor (frysta, konserverade eller rostade)

- ½ kopp quinoa

- Saft av 1 lime

- ½ kopp hackade färska korianderblad

- Valfri garnering: strimlad cheddarost, hackad rödlök, jalapeñoskivor, korianderblad

Vägbeskrivning

a) FÖR TORTILLA STRIPS: Värm ugnen till 375 grader F. Olja lätt en bakplåt eller belägg med nonstick-spray.

b) Sprid ut tortillaremsorna i ett enda lager på det förberedda bakplåten; krydda med chilipulver, salt och peppar och bestryk med nonstick-spray. Grädda tills de är knapriga och gyllene, 10 till 12 minuter, rör om halvvägs; ställ åt sidan och låt svalna.

c) Värm olivoljan i en stor kastrull eller holländsk ugn på medelvärme. Krydda kycklingen med salt och peppar. Lägg till kycklingen i grytan och koka tills den är gyllene, 2 till 3 minuter per sida; överför till en tallrik och ställ åt sidan.

d) Tillsätt vitlök, lök och paprika i grytan och koka, rör om då och då, tills de är mjuka, 3 till 4 minuter. Rör i tomatpuré, chilipulver, spiskummin och oregano och koka tills det doftar, cirka 1 minut. Rör ner kycklingen tillsammans med fonden, tomaterna, svarta bönor och majs. Låt det koka upp; minska värmen och låt puttra utan lock tills kycklingen är mjuk och genomstekt, 20 till 25 minuter. Ta ut kycklingen från grytan och strimla med två gafflar.

e) Lägg tillbaka den strimlade kycklingen i grytan tillsammans med quinoan och låt puttra utan lock tills quinoan är mjuk, 15 till 20 minuter. Rör ner limesaft och koriander och smaka av med salt och peppar.

f) Servera omedelbart med de bakade tortillaremsorna och ytterligare garnering om så önskas.

100. Kalkon tamale pajer med majsbröd skorpa

Ingredienser

Fyllning

- 1 msk olivolja
- 1 pund malet kalkonbröst
- 2 vitlöksklyftor, hackade
- 1 lök, tärnad
- 1 medelstor poblanopeppar, kärnad och tärnad
- 2 tsk chilipulver
- 1 tsk torkad oregano
- ¾ tesked mald spiskummin
- Kosher salt och nymalen svartpeppar, efter smak
- 2 (14,5-ounce) burkar stuvade tomater i mexikansk stil
- 1 kopp majskärnor
- 2 msk hackade färska korianderblad

Cheddar-koriander majsbrödskorpa

- ½ kopp gult majsmjöl
- ¼ kopp universalmjöl

- 1 tsk bakpulver
- ¼ tesked kosher salt
- ¾ kopp fettsnål kärnmjölk
- 1 stort ägg
- 1 msk osaltat smör, smält
- ¾ kopp strimlad extra vass cheddarost
- ¼ kopp hackade färska korianderblad

Vägbeskrivning

a) Värm ugnen till 425 grader F. Olja lätt 6 (10-ounce) ramekins eller täck med nonstick-spray.

b) TILL FYLLNING: Värm olivoljan i en stor stekpanna på medelhög värme. Tillsätt mald kalkon, vitlök, lök och poblano. Koka tills kalkonen har fått färg, 3 till 5 minuter, se till att smula kalkonen när den tillagas. Rör ner chilipulver, oregano och spiskummin; krydda med salt och peppar. Tappa av överflödigt fett.

c) Rör ner tomaterna och bryt upp dem med baksidan av en sked. Låt koka upp och rör ner majs och koriander. Dela blandningen i de förberedda ramekinerna.

d) FÖR SKORPA: Kombinera majsmjöl, mjöl, bakpulver och salt i en medelstor skål. Vispa ihop kärnmjölken, ägget och smöret i ett stort glasmått eller en annan skål. Häll den våta blandningen över de torra ingredienserna och rör om med en gummispatel tills den är fuktig. Tillsätt osten och koriandern och blanda försiktigt för att kombinera.

e) Toppa fyllningen i ramekins med skorpblandningen i ett jämnt lager. Lägg på en plåt och grädda tills den är gyllenbrun och skorpan stelnat, ca 25 minuter. Låt svalna i 10 minuter innan servering, garnerad med ytterligare korianderblad.

f) ATT FRYSAS: Gör inte skorpan förrän dagen för servering. Förbered fyllningen i slutet av steg 3 och täck sedan de enskilda ramekinsen ordentligt med plastfolie. Frys i upp till 3 månader. För att servera, ta bort plastfolien. Täck ramekins med aluminiumfolie och grädda vid 425 grader F i 45 minuter medan du gör skorpan. Avtäck ramekins och toppa med skorpblandningen. Grädda i ytterligare 20 till 30 minuter tills den är helt genomstekt.

SLUTSATS

Att äta rätt handlar inte bara om att säga nej till det ohälsosamma – det handlar om att säga ja till det lika läckra alternativ som redan är tillagat och väntar på dig.

www.ingramcontent.com/pod-product-compliance
Lightning Source LLC
Chambersburg PA
CBHW071305110526
44591CB00010B/785